Mit dem Wohnmobil durch BENELUX

Michael Moll

Mit dem Wohnmobil durch BENELUX

Band 1 - Unterwegs in Belgien und Luxemburg

GEV

www.gev.be
buchverlag@grenzecho.be

ISBN 978-3-86712-163-7
D/2021/3071/1

Titelbild: Michael Moll
Text: Michael Moll
Lektorat: Camilla van Heumen M. A.
Satz: GEV, Eupen

Printed in EU

Inhalt

Die Küste Belgiens bietet weite Strände.

Weite Landschaften machen das Reisen in Belgien zu einem Vergnügen.

VORWORT

Liebe Leserinnen und Leser,

herzlich willkommen zu einer Wohnmobilreise durch die drei benachbarten Staaten Belgien, Niederlande und Luxemburg.

Als langjähriger Wohnmobilist und Autor von mehr als 80 Reiseführern sowie als Betreiber eines Wohnmobilstellplatzes in Nordkirchen möchte ich Sie in zwei Bänden auf eine wunderbare Reise durch drei vielfältige Staaten entführen. Dabei wünsche ich mir und Ihnen, dass Sie einen angenehmen und unkomplizierten Urlaub erleben, und hoffe, mit diesen beiden Reiseführern zur Hand gehen zu können.

Gerne möchte ich Sie sowohl zu den Klassikern als auch zu den eher unbekannten Sehenswürdigkeiten der drei Länder führen. Im vorliegenden ersten Band gehen wir in Belgien natürlich auf Städtetrips, schauen uns Brügge und Brüssel an, werfen einen Blick in die Beginenhöfe und fahren mit der längsten Straßenbahnlinie der Welt an der gesamten belgischen Küste entlang. Für den Süden des Landes lohnt es sich, die Wanderschuhe einzupacken. Die Wallonie bezaubert mit einigen bewaldeten Bergen, die tolle Ausblicke ermöglichen und zu ausgedehnten Wanderungen oder zumindest zu Spaziergängen einladen. Prädestiniert ist hierfür vor allen Dingen

Einfach entspannen und genießen. Auf einer Womo-Reise durch Belgien und Luxemburg fast überall möglich.

auch das Hohe Venn, wo wir durch die Moorlandschaft rund um den höchsten Punkt Belgiens wandern. Gleich nebenan erleben wir in Eupen übrigens, dass in einem Teil Belgiens auch Deutsch gesprochen wird.

Wandern kann man darüber hinaus auch im Norden Luxemburgs. Eine beliebte und malerische Strecke bietet hier das Mullerthal. Aber Luxemburg hat auch Kultur zu bieten. Wie wäre es mit einem Besuch am Schloss Vianden oder mit einem weiteren Stadtrundgang, dieses Mal durch die Hauptstadt Luxemburgs?

In Band 2 nehme ich Sie mit auf die niederländischen Inseln, zeige Ihnen die Tulpenpracht rund um das Ijsselmeer und schlage Ihnen einen Stadtrundgang durch Städte wie Amsterdam und Rotterdam vor.

Sie sehen, es gibt viel zu erleben. Nehmen Sie sich also ausreichend Zeit, um die Region Benelux zu genießen. Im Zeitalter von GPS und Navigation habe ich zugunsten von Informationen und Tipps auf umständliche Wegbeschreibungen verzichtet. Worauf ich natürlich nicht verzichtet habe, sind die Angaben zu zahlreichen Wohnmobilstellplätzen und Campingplätzen in allen drei Ländern.

Ich wünsche Ihnen eine gute Womo-Tour und einen schönen Aufenthalt in den Beneluxstaaten. Und wenn Sie auf dem Weg dorthin noch eine Zwischenübernachtung auf dem Wohnmobilstellplatz in Nordkirchen im südlichen Münsterland einplanen möchten, freuen meine Frau und ich uns über Ihren Besuch.

Herzlichst
Michael Moll

Grüne Landschaften mit sanften Hügeln und viel Wasser prägen den Südosten Belgiens.

EINLEITUNG

Verkehrsregeln

Grundsätzlich unterscheiden sich die Verkehrsregeln Belgiens, Luxemburgs und der Niederlande nur wenig von den Regeln innerhalb Deutschlands. Dennoch gibt es kleinere Unterschiede, die man wissen sollte, und die zu beachten sind. Für alle Länder gilt, dass man für tagesaktuelle Informationen, insbesondere zu den verschiedenen Umweltzonen, einen Blick auf die Seite des ADAC (www.adac.de) oder des AVD (www.avd.de) werfen sollte.

Belgien

Parkverbote bestehen an gelb markierten Bordsteinen und an weißen Zickzacklinien sowie fünf Meter vor und hinter einem Radweg.

In einem Fahrzeug darf nicht geraucht werden, wenn Mitreisende jünger als 18 Jahre alt sind. Das gilt auch für E-Zigaretten.

Belgien ist mautfrei.

Für **Belgien** sollte man sich vor der Reise mit den aktuellen Bedingungen der Umweltzonen befassen. Für Brüssel gilt zum Beispiel ein Einfahrtsverbot für Dieselfahrzeuge Euronorm 3, ab 2022 für Dieselfahrzeuge der Euronorm 4. Das gilt auch für ausländische Fahrzeuge, aber wiederum nicht für Wohnmobile. Nach Antwerpen und Gent kann man mit Dieselfahrzeugen der Euronorm 5 bis 6 einfahren.

Luxemburg

Auch im Großherzogtum Luxemburg darf an gelb markierten Bordsteinen nicht geparkt werden. Es gibt keine Mautpflicht und derzeit auch keine Umweltzone.

Camping- und Stellplätze

555 Stellplätze **(SP)** und Campingplätze **(CP)** erwarten Sie in beiden Bänden bzw. in allen drei Ländern. Die Stellplatzkultur, wie wir sie aus Deutschland, Italien oder Frankreich kennen, ist in den Beneluxstaaten weniger stark ausgeprägt. Oftmals wird hier noch auf den klassischen Campingplatz verwiesen, weshalb diese Art der Übernachtungsmöglichkeit den überwiegenden Anteil an den genannten Plätzen ausmacht. Doch die unkomplizierten Stellplätze sind auch hier auf dem Vormarsch. In den letzten Jahren wurden einige Anlagen komplett neu errichtet und bieten dem Wohnmobilisten meist hinter

Ausblick auf das Tal der Semois, wo es sich hervorragend campen lässt.

einer Schranke einen ruhigen Übernachtungsplatz, in manchen Fällen sogar mit einem Sanitärgebäude. Ein Stromanschluss sowie eine Ver- und Entsorgungsanlage sind auf diesen Plätzen ohnehin üblich.

Doch es gibt auch noch die andere Variante der Wohnmobilstellplätze, die kommunalen Plätze, die die jeweilige Rathausbehörde anlegen ließ, weil gerade irgendwo noch ein Plätzchen frei war. Ein Urlaubsparadies sind diese Plätze nicht immer, aber sie sind hilfreich, wenn es mal spät geworden ist und man einfach nur irgendwo eine Zwischenübernachtung einlegen möchte. Daher haben alle Arten von Stellplätzen und Campingplätzen ihre Berechtigung und sind dementsprechend in diesem Buch aufgeführt. Nur selten wurde angegeben, ob es auf dem Platz laut ist oder ungepflegt. Denn solche Eindrücke sind subjektiv und können jeden Tag anders sein. Auch auf dem bestgepflegtesten Stellplatz kann es mal vorkommen, dass eine Mülltonne überquillt. Lag es an einem Streik der Müllfahrer, hat ein anderer Wohnmobilfahrer mal gründlich in seinem Wagen aufgeräumt oder haben Dritte möglicherweise ihren Dreck abgeladen? Ähnliches gilt für die Lautstärke. Darauf zu schließen, dass ein Stellplatz ständig laut ist, weil einmal im Jahr nebenan eine Kirmes stattfindet, wäre schlicht unfair. Daher beschränke ich mich hier im Buch vorwiegend auf Angaben zur Lage. Denn wenn sich ein Stellplatz neben einer Autobahn befindet, dann ist das eine Tatsache und ein jeder weiß, dass das mit einer

Der Campingplatz in Ypern bietet auch Wohnmobilstellplätze vor dem eigentlichen Gelände an.

gewissen Lärmkulisse verbunden ist.

Wer durch Belgien reist, wird sich insbesondere an der Küste wundern, warum mancher der dort vorhandenen Campingplätze nicht im Buch aufgeführt wird. Meistens handelt es sich dabei um einen Campingplatz, auf dem es nur Dauercamper gibt oder auf dem üblicherweise Übernachtungen in einem Chalet bzw. Bungalow oder Wohnwagen angeboten werden. Einige dieser Plätze werden in diesem Reiseführer aufgeführt, wenn auch Zeltwiesen bzw. Stellflächen für durchreisende Touristen angeboten werden. Da sich viele Wohnmobilurlauber auf solchen Anlagen eher als Fremdkörper fühlen, liegt der Schwerpunkt bei klassischen Campingplätzen.

Sämtliche Stell- und Campingplätze sind mit Koordinaten beschrieben. Umständliche Wegbeschreibungen können damit entfallen, da in der Regel jeder ein Navigationssystem mit sich führt. Alternativ kann man sich auch über Google Maps führen lassen. Die Koordinaten wurden im Dezimalsystem verfasst. Dieses lässt sich üblicherweise leichter tippen oder auch diktieren, falls einer sie abliest und der andere sie in das entsprechende Gerät eintippt. Bei Google Maps können die Daten exakt so in das Suchfeld eingegeben werden. Bei klassischen Navigationsgeräten ist eventuell das Eingabesystem vorab von Breitengrad/Längengrad auf Dezimalsystem umzustellen. Das erfolgt über die Systemeinstellungen, meist mit einem Zahnrad oder einem Schraubenschlüssel symbolisiert.

Was man sonst noch wissen sollte

Infos für Süßmäuler

Was man sich in der ostbelgischen Region auf keinen Fall entgehen lassen sollte, ist der schmackhafte Reisfladen. Es gibt ihn sowohl frisch zubereitet in den örtlichen Bäckereien oder auch mancherorts abgepackt in der Kühltheke der Supermärkte. Rein inhaltlich ist der Reisfladen eigentlich eher simpel gehalten. Er besteht aus einem runden Hefeteig, der komplett mit Milchreis gefüllt ist.

Berühmt ist Belgien aber auch für die Waffeln, die sich optisch von herkömmlichen Waffeln aus dem heimischen Waffeleisen unterscheiden. Dabei fällt auf, dass die belgischen Waffeln deutlich größere Vertiefungen haben und sie eben nicht in Herzform, sondern üblicherweise rechteckig daherkommt. Unterschieden wird aber auch innerhalb Belgiens zwischen Brüsseler Waffel und Lütticher Waffel und der jeweiligen Zubereitungsart.

Der Schokoladenhersteller Godiva hatte seine Anfänge am Grand Place in Brüssel und wurde 1926 vom Chocolatier Joseph Draps gegründet. Er wählte als Namen die Lady Godiva, die der Legende nach im britischen Coventry nackt

Symbollegende

- Strom
- Frischwasser
- Grauwasserentsorgung
- Entsorgung des Chemie-WC
- Nah an einer Stadt oder Sehenswürdigkeit, kann durchaus auch mit einer Geräuschkulisse einher gehen.
- Naturnah/ruhig, schließt aber die Nähe zu einer Ortschaft oder Sehenswürdigkeit nicht aus.
- Der Platz besitzt eine Schrankenanlage oder ähnliche Absperrung.
- Wifi vorhanden

durch die Stadt geritten sein soll, um ihren Namen dazu zu bewegen, die Steuern zu senken. Die Schokolade Godiva gehört zu den Premium-Schokoladen, was sich auch darin zeigt, dass der Ozeanliner Queen Mary 2 von Godiva beliefert wird und auf dem Schiff sogar ein kleines Café betreibt.

RAVeL

In der Wallonie erstreckt sich ein 1.300 Kilometer langes Netz an Rad- und Wanderwegen. Das Kürzel steht für Réseau Autonome de Voies Lentes (Unabhängiges Netz langsamer Wege) und bezeichnet Strecken, die überwiegend auf ehemaligen Bahntrassen angelegt wurden. Damit handelt es sich weniger um Rundradwege, sondern um Radwege, die Ortschaften miteinander verbinden. Ihr Vorteil durch die einstigen Bahntrassen: Sie verlaufen überwiegend kreuzungsfrei bzw. ohne störenden Autoverkehr und haben außerdem eine maximale Steigung von 2%. Damit ist entspanntes Radeln auch ohne E-Bike möglich. Die bekannteste RAVcL-Route verläuft gleich durch drei Länder und verbindet auf der Vennbahntrasse die deutsche Stadt Aachen mit Troisvierges in Luxemburg. Dabei verläuft sie auf weiten Teilen nicht nur durch Belgien, sondern ist sogar innerhalb Deutschlands belgisches Staatsgebiet.

Auf den Grundmauern eines alten Wasserturms wurde dieser Aussichtspunkt errichtet.

1. Die Küste von Flandern – Womo-Urlaub zwischen Gent und Ostende

An der belgischen Küste lernen wir zahlreiche Seebäder kennen. Entweder bereisen wir sie wie gewohnt mit dem Wohnmobil, oder wir lassen uns auf einem der Camping- oder Stellplätze nieder und lernen Ort für Ort ganz gemütlich kennen, mithilfe der längsten Straßenbahnlinie der Welt – der Kusttram. Doch wir werfen auch einen Blick in das Hinterland, wo mit Brügge eine wunderschöne Altstadt auf uns wartet, die übrigens sowohl von einem Wohnmobilstellplatz als auch von einem Campingplatz aus gut zu Fuß zu erreichen ist.

Zwischen zahlreichen Grachten und Gassen erwarten uns wunderbar anzusehende Baudenkmäler und eine Vielzahl an gastronomischen Einrichtungen. An Gastronomie mangelt es auch nicht, wenn wir an der Küste unterwegs sind und auf den zahlreichen Strandpromenaden von Restaurant zur Beachbar flanieren. Ziemlich zentral liegt dabei mit Ostende das größte Seebad. Westlich und östlich davon sind die Ortschaften deutlich kleiner, aber nicht minder interessant. Und zwischendurch gibt es immer wieder Dünen, Strand und eine frische Meeresbrise.

Ausblick vom Turm bei Middelkerke.

Gemütlich flaniert man auf der Promenade von Middelkerke.

Die **belgische Küste** unterscheidet sich deutlich von der niederländischen. Am auffälligsten ist zunächst einmal, dass sie wesentlich kürzer ist. Mit einer Länge von rund 63 Kilometern kämen wir in der Niederlande von Süd nach Nord reine Luftlinie noch nicht einmal bis Hoek van Holland, selbst wenn man die vielen Küstenlinien der Inseln und Halbinseln unberücksichtigt lassen würde. Und damit kommen wir schon zum zweiten Punkt, Belgien besitzt keine Inseln und auch keine nennenswerten Einbuchtungen. Die Küste ist eine fast gerade Linie zwischen De Panne kurz vor Frankreich und Knokke-Heist. Es gibt zwar fast durchgehend Strand, doch dafür ist dieser kaum durch eine Dünenlandschaft geprägt. Generell ist es oftmals nicht so weit von der Strandpromenade bis zur Wasserlinie und damit kämen wir zum letzten Unterschied: Die Küste Belgiens ist dicht besiedelt. Eine Ortschaft folgt der nächsten, nur selten hat man die Natur sich selbst überlassen und in vielen Fällen zeigt die Bebauung an der Küste wenig attraktive Wohn- und Hotelkomplexe. Kurzum, es ist praktisch unmöglich, mit dem Wohnmobil eine Übernachtung mit Blick auf das Meer genießen zu können.

MIT DER STRASSENBAHN ENTLANG DER KÜSTE

Eine schöne Besonderheit der belgischen Küste ist jedoch die Anbindung an den öffentlichen Nahverkehr. So besteht die Möglichkeit, von der Grenze zur Niederlande bis an die französische

Grenze die gesamte Küste ausschließlich mit einer **Straßenbahn** zu bereisen. Die Straßenbahnlinie 0, auch als **Kusttram** (Küstenstraßenbahn) bezeichnet, verbindet sämtliche Ortschaften am Meer und gilt mit ihren 67 Kilometern Strecke und ebenso vielen Haltestellen als die längste Straßenbahnlinie der Welt. Diese Überlandstraßenbahn ist eigentlich ein Überbleibsel eines ehemaligen Bahnnetzes innerhalb des Landes und stammt aus der Wende zum 20. Jahrhundert. Wer die gesamte Strecke befahren möchte, sollte etwas Zeit mitbringen. Die Fahrzeit beträgt fast zweieinviertel Stunden – und zurück zum Wohnmobil will man ja auch noch. Dadurch, dass man aber in den Städten aus- und später in eine der nächsten Bahnen wieder einsteigen kann, könnte man die gesamte Küste an einem Tag im Schnelldurchlauf kennenlernen – oder sich zumindest einen guten Eindruck verschaffen. Ausgangspunkt für die Fahrt wäre die **Station Knokke** (GPS: 51.338968, 3.284304).

Doch wir starten nun mit unserer Wohnmobilreise entlang der belgischen Küste, denn wir wollen auch das etwas weiter im Landesinneren liegende Brügge kennenlernen. Der **Naturpark Het Zwin** mit seinem **Besucherzentrum** (GPS: 51.358822, 3.350833) war einst eine Flussmündung, die so weit in das Land hineinreichte, dass nur noch ein Stichkanal notwendig war, um die einstige Handelsstadt Brügge mit dem offenen Meer zu verbinden. Der durch eine Sturmflut erst im 12. Jahrhundert entstandene Meeresarm versandete jedoch

Man kann die gesamte belgische Küste auch mit der Straßenbahn erleben.

Weite Strände gibt es auch in Knokke.

wenige Jahrhunderte später und bildet heute das größte Naturschutzgebiet an der belgischen Küste. Kleinere Wanderwege führen vom Besucherzentrum zu Aussichtspunkten in das Gebiet hinein. Von diesen kann man zahlreiche Vögel, unter anderem auch Störche, beobachten.

Nur wenig weiter westlich folgt die erste Ortschaft. **Knokke-Heist** ist ein Seebad, das oft auch als mondänster Badeort bezeichnet wird. Eine klassische Altstadt ist Mangelware, vielmehr spielt sich das touristische Leben an der **Strandpromenade** ab. Diese weckt ein wenig das Gefühl, man habe hier eine künstliche Steilküste geschaffen. Eine Betonburg erhebt sich neben der nächsten und kaum ein Haus hat weniger als sieben Etagen. Das muss einem gefallen, aber offensichtlich gibt es nicht wenige, die das anspricht, denn die Immobilienpreise sind in Knokke-Heist extrem hoch. Die gehobene Preislage zieht sich auch durch die zahlreichen Cafés und Restaurants, die sich im Erdgeschoss entlang der Promenade befinden. Auf der gegenüberliegenden Seite ist der Strand oftmals in verschiedene Bereiche unterteilt und lockt mit zahlreichen Beachbars, die neben Sitzgelegenheiten auch Strandliegen anbieten.

Touristinfo Knokke, Zeedijk-Knokke 660 und Knokkestraat 22, 8300 Knokke-Heist, Tel. +32 50/630380, www.myknokke-heist.be

CP 1 – Holiday Village Knokke, Natiënlaan 70, 8300 Knokke-Heist, www.holidayknokke.be

(GPS: 51.335890, 3.288796). Relativ kleiner und teils auch enger Campingplatz im Süden von Knokke. Die Endhaltestelle der Kusttram ist nur wenige Gehminuten entfernt, daher ein guter Ausgangspunkt für eine komplette Küstenfahrt.

CP 2 – Camping Zilvermeeuw, Heistlaan 166, 8301 Knokke-Heist, www.bvbacampingzilvermeeuw.be (GPS: 51.332557, 3.236157). Im westlichen Bereich von Knokke gelegener Campingplatz, überwiegend für Dauercamper. Doch ein langgestreckter Bereich zwischen den Dauercampern und einem Bahndamm ist für Tagestouristen vorbehalten. Die Parzellen sind mit Hecken voneinander abgetrennt.

Westlich von Knokke-Heist trifft man mit **Zeebrugge** auf den größten Hafen, der sich direkt an der belgischen Küste befindet. Belgien hat mit Antwerpen und Gent zwar zwei noch größere Häfen, doch liegen diese ein wenig mehr im Landesinneren. Zeebrugge ist den meisten Wohnmobilfahrern als Ausgangspunkt für Fährfahrten nach England bekannt. Die Gesellschaft P&O pendelt täglich von hier aus nach Hull. Über einen gut zehn Kilometer langen Kanal ist der Hafen von Zeebrugge mit dem Hauptort **Brügge** im Landesinneren verbunden. Da die Stadt Brügge praktisch nie zerstört wurde, präsentiert sie sich mit einer sehenswerten, mittelalterlichen **Altstadt,** die zu Recht auf die Liste des Weltkulturerbes der UNESCO aufgenommen wurde. Darüber hinaus war Brügge im Jahr 2002 Europäische Kulturhauptstadt.

Die Garderobe für Strand und City unterscheidet sich.

Brügge präsentiert sich mit sehenswerten Fassaden.

SEHENSWERTE ALTSTADT VON BRÜGGE

Die heutige Hauptstadt der Provinz Westflandern war von jeher ein wichtiger Handelsplatz. Heute ist es kaum noch vorstellbar, dass der zentral gelegene **Marktplatz** einst noch mit dem Schiff erreichbar war. Der lebhafte Platz wird vor allen Dingen von zwei Gebäuden dominiert. An der Ostseite erhebt sich der sogenannte **Provinciaal Hof,** das Provinzgericht, mit einer neogotischen Fassade. Es wurde Mitte des 19. Jahrhunderts errichtet und ersetzte die vorherige Wasserhalle. Das damals ebenso imposante Gebäude brachte es auf eine Länge von fast 100 Metern und diente als Handelshaus für die Schiffe, die dort anlegten. Im 18. Jahrhundert verlagerte sich der Handel nach Antwerpen und die in Brügge vorhandenen Kanäle wurden zum Teil trockengelegt, sodass die Wasserhalle nicht mehr benötigt wurde. Unter Protest schuf man dort Platz für den heutigen Provinciaal Hof. Zwei der Säulen, die das Gebäude trugen, sind versetzt worden und stehen noch heute im etwas weiter südlich gelegenen **Arentshof** nahe der dortigen Liebfrauenkirche.

Das zweite markante Bauwerk am Markt ist der 83 Meter hohe **Belfried**, der bereits seit dem 13. Jahrhundert als das höchste Gebäude der Stadt gilt. Noch immer darf kein anderes Gebäude in Brügge höher sein als dieser rechteckige Turm. Der Turm bietet einen prachtvollen Blick über die Stadt. Doch sollte man sich nicht nur auf eine anstrengende, kostenpflichtige Besteigung mit über 360 Stufen gefasst machen, sondern auch auf eine lange Wartezeit. Hier lohnt sich das frühe Aufstehen, da nur maximal 50 Personen gleichzeitig im Turm sein dürfen. Und man spaziert nicht nur mal eben auf den Turm, sondern kann unterwegs noch die Schatzkammer besichtigen, das Turmzimmer und die Musikrolle, die das beliebte Glockenspiel ansteuert. Jeden Mittwoch, Samstag und Sonntag bespielt der Glockenspieler von 11 bis 12 Uhr die 47 Glocken des Belfrieds (www.museabrugge.be).

Im unteren Bereich des Belfrieds ist ein kleines Museum bzw. eine Galerie zu Ehren von **Salvador Dali** (www.dali-interart.be) untergebracht, links davon zweigt die Breidelstraat als Fußgängerzone vom Marktplatz ab. Folgt man dieser Straße, so passiert man auf der linken Seite das **Biermuseum** (www.mybeerexperience.be), in dem man sich auf einem umfangreichen Rundweg mit der Bierbraukunst Belgiens befassen kann. Beim Kauf des etwas teureren Tickets ist eine Bierverkostung im Anschluss inklusive. Der Rundgang verläuft über zahlreiche Treppen und ist für Rollstuhlfahrer nicht barrierefrei.

Gleichzeitig verläuft die Breidelstraat direkt zum nächsten Platz, dem zweigeteilten **Burgplatz**. Der nördliche Bereich, gut erkennbar an den dortigen Bäumen, war bis zum Ende des 18. Jahrhunderts Standort für die mehrere Jahrhunderte alte Sint-Donaas-Kathedrale.

Historische Bauten und viel Wasser prägen die Altstadt.

So entspannt genießt man das Leben auf dem Markt in Brügge.

HISTORIUM

Blick von der Bonifaziusbrücke

Sie wurde im Zuge der französischen Revolution jedoch zerstört und komplett abgetragen. Der südliche Teil des Burgplatzes ist von zahlreichen historischen Gebäuden umsäumt. Zu nennen wäre die **Alte Zivilkanzlei** im Südosten des Platzes. Zu erkennen ist diese an der hellen und reichhaltig ausgeschmückten Renaissancefassade, die von mehreren Skulpturen gekrönt wird. Das aus dem frühen 16. Jahrhundert stammende Bauwerk beherbergt heute die Kunstsammlung **Bruggse Vrije** (www.museabrugge.be). Gleich rechts daneben erhebt sich stolz das **Rathaus** der Stadt. Das spätgotische Gebäude ist noch ein wenig älter als die Alte Zivilkanzlei und stammt vom Ende des 14. Jahrhunderts. Auch dieser Bau präsentiert sich mit einer prachtvollen Fassade, bestehend aus hohen Fenstern und zahlreichen steinernen Skulpturen.

Wiederum rechts daneben grenzt das älteste Gebäude des Platzes, die **Heilig-Blut-Basilika,** an das Rathaus. Diese Doppelkapelle entstand als romanische Kirche im 12. Jahrhundert, übrigens die einzige noch erhalten gebliebene romanische Kirche in Westflandern, und war Hauskirche der hiesigen Grafen. Zusammen mit der benachbarten kleineren St.-Ivo-Kapelle bildet sie die sogenannte Unterkapelle. Die Oberkapelle wurde zwar auch während der Französischen Revolution zerstört, im Gegensatz zur Kathedrale jedoch wieder aufgebaut. Bedeutend ist die Heilig-Blut-Basilika für die Ampulle, die das Blut Jesu beinhaltet.

STADTRUNDGANG ZWISCHEN GASSEN UND GRACHTEN

Gleich hinter dem Gebäudeensemble befindet sich einer der **Grachten**, die sich durch die Altstadt von Brügge ziehen. Zu erreichen ist die Gracht durch den Durchgang an der Alte Zivilkanzlei. Überhaupt ist zu erwähnen, dass die gesamte Altstadt komplett von einer Gracht und den Überresten einer **Wallanlage** umgeben ist. Vielerorts zeigt sie sich mit noch vorhandenen Stadttoren, Befestigungstürmen und Windmühlen, besonders im begrünten östlichen und südlichen Bereich der einstigen Stadtbefestigung. Über die Brücke hinter dem Rathaus gelangt man auch in wenigen Schritten zum **Roezenhoedkaai**, der für seinen wunderschönen Ausblick auf Teile der Altstadt bekannt ist. Beinahe wie in Venedig fühlt man sich, wenn die historischen Häuser direkt vom Wasser umgeben sind und hier auch die Boote für die Grachtenfahrten ablegen.

Am Kaiufer gelangt man zum bereits erwähnten Arentshof. Neben den genannten Säulen der einstigen Wasserhalle überspannt auch die **Bonifaziusbrücke** malerisch einen der kleinen Kanäle und bringt uns direkt an die Rückseite der **Liebfrauenkirche**.
Die Anfänge dieses imposanten

Der Belfried dominiert das Bild der Stadt.

Gotteshauses stammen aus dem 13. Jahrhundert. Fertiggestellt wurde die Kirche jedoch erst Ende des 15. Jahrhunderts. Ein kostenpflichtiger Blick in das Innere der Kirche lohnt sich schon allein für die Skulptur der **Brügger Madonna**. Die Darstellung Marias mit dem stehenden Jesuskind wurde zu Beginn des 16. Jahrhunderts geschaffen und zwar von einem gewissen Michelangelo. Eigentlich war die Madonna für den Dom von Siena in der Toskana gedacht, wurde aber von Kaufleuten aus Brügge erworben und schon kurz nach ihrer Fertigstellung nach Belgien verschifft. Zweimal wurde die Brügger Madonna in ihrer Geschichte entwendet. Während der Französischen Revolution wurde sie nach Paris gebracht, und im Zweiten Weltkrieg war sie Teil der

NS-Raubkunst und wurde in Österreich gelagert. Im Hollywood-Spielfilm „Monuments Men“ schlüpften die Schauspieler George Clooney, Matt Damon, John Goodman und Bill Murray in die Rolle von sogenannten Kunstschutzsoldaten, um geraubte Kunstschätze aufzuspüren und zurückzuführen. Die Brügger Madonna spielt dabei im Film eine zentrale Rolle.

Gegenüber der Liebfrauenkirche geht es direkt mit den nächsten Besuchen weiter. Das **Sint-Janshospitaal** (www.museabrugge.be) stammt aus dem 11. Jahrhundert und informiert über die mittelalterliche Krankenpflege. Auf der Mariastraat überquert man in südliche Richtung eine weitere Gracht und biegt wenig später halb rechts in die Wijngaardstraat ab. Sie bringt uns zu einem der über zwei Dutzend noch erhaltenen **Beginenhöfe**. Der von der UNESCO als Weltkulturerbe geschützte Beginenhof Brügge entstand in der ersten Hälfte des 13. Jahrhunderts und wird heute noch als Kloster benutzt. Dennoch kann er zu Teilen besichtigt werden.

Natürlich hat Brügge noch viel mehr zu bieten, ob das nun das **Diamantmuseum** (www.diamondmuseum.be) oder das **Groeningemuseum** (www.visitbruges.be) mit seiner umfangreichen Sammlung flämischer Kunst ist. Die Stadt hat an Kunstschätzen und historischen Bauten so viel zu bieten, dass der Platz hier nicht ausreicht, sie zu beschreiben.

Am Rande der Altstadt reihen sich mehrere Windmühlen aneinander.

Touristinfo Brügge, Markt 1, 8000 Brugge, Tel. +32 50/444646, www.visitbruges.be

SP 1 – Wohnmobilstellplatz Brügge, Bargeweg, 8000 Brugge (GPS: 51.196028, 3.225867). Sehr enger Stellplatz für mehr als 30 Fahrzeuge. Die Wohnmobile stehen hier dicht an dicht, doch der Platz bietet eine ideale Ausgangsposition für die Besichtigung der Stadt. Der Beginenhof ist nur eine Viertelstunde Fußweg entfernt. Damit ist man gleichzeitig schon im südlichen Teil der Altstadt. Strom sowie Ver- und Entsorgung sind vorhanden.

CP 3 – Camping Memling, Veltemweg 109, 8310 Brugge, www.brugescamping.be (GPS: 51.207227, 3.263133). Auch der Campingplatz im Osten von Brügge liegt außerordentlich günstig. Bis zu den Windmühlen und dem beeindruckenden, mächtigen Stadttor Kruispoort aus dem 14. Jahrhundert spaziert man gerade einmal eine halbe Stunde. Dafür steht man, im Vergleich zum Stellplatz, für nur etwas mehr an Kosten, deutlich freier.

Wenn wir zurück an die Nordsee fahren und dem Küstenverlauf weiter in Richtung Westen folgen, durchqueren wir kleine Orte wie **Blankenberge, De Haan** und **Bredene-aan-Zee**. Diese Ortschaften sind vorwiegend vom Tourismus geprägt und bieten endlose Badestrände (Blankenberge sogar mit Pier), Strandpromenaden mit unzähligen Beachbars und Strandcafés sowie besonders bei Bredene-aan-Zee einige Dünenabschnitte. Oder anders ausgedrückt: Hier stehen keine Stadtbesichtigungen auf dem Programm, vielmehr geht es um die Erholung an der Küste. Dementsprechend verteilen sich jede Menge Campingplätze entlang der Orte. Jedoch sind nicht alle diese Plätze für Tagestouristen bzw. Camper ausgelegt. Viele bieten eher Chalets oder sind für Dauercamper vorgesehen. Daher nachfolgend eine Aufstellung der Plätze, die man mit dem Wohnmobil ansteuern kann:

Hier ist Platz für ausgiebige Strandspaziergänge.

SP 2 – Wohnmobilstellplatz Blankenberge, Polderlaan, 8370 Blankenberge (GPS: 51.316229, 3.146045). Der 2019 eröffnete Stellplatz verfügt über 40 schön angelegte Flächen für Wohnmobile. Zwar liegt er nah an einer Hauptstraße, doch sind es nur 600 Meter bis zum Strand und zum Pier von Blankenberge.

SP 3 – Wohnmobilstellplatz Blankenberge De Wielen, Zeebruggelaan 135, 8370 Blankenberge, www.dewielen.be (GPS: 51.310957, 3.151615). Kleiner Stellplatz für 15 Wohnmobile innerhalb eines Bungalowparks. An den Koordinaten in die Anlage hineinfahren und nach circa 90 Metern links abbiegen. Rund 20 Minuten Fußweg zum Strand, dabei kommt man an dem neueren Stellplatz vorbei.

CP 4 – Camping Bonanza 1, Zeebruggelaan 137, 8370 Blankenberge, www.bonanza1.be (GPS: 51.311680, 3.153502). Gleich neben dem Bungalowpark De Wielen. Der Stellplatz auf De Wielen ist sogar nur mit einer Hecke vom Campingplatz abgetrennt. Camping Bonanza 1 bietet zwar auch überwiegend Chalets, doch der Camperbereich ist komplett für sich abgeteilt und so groß wie manch anderer Campingplatz für sich alleine.

CP 5 – New Camping Ideal, Neptunuslaan 6, 8420 De Haan, www.newcampingideal.be (GPS: 51.304259, 3.100867). Sehr großer Bungalowpark, der zwei kleinere Bereiche für Campingtouristen anbietet. Grundsätzlich ruhige Lage inmitten der Chalets von diesem und den benachbarten Bungalowparks.

CP 6 – Camping Esmeralda, Tritonlaan 2, 8420 De Haan, www.esmeralda-aan-zee.be (GPS: 51.307056, 3.101789). Regulärer, einfacher Campingplatz inmitten der großen Chalet-Siedlungen. Sowohl New Camping Ideal als auch Camping Esmeralda befinden sich in Strandnähe. Dieser ist lediglich durch die Hauptstraße N34 von den Anlagen abgetrennt. Um den Strand zu erreichen, überquert man die Straße auf einer eigens für Fußgänger angelegten Brücke.

CP 7 – Camping Ter Duinen, Wenduinesteenweg 143, 8421 De Haan, www.campingterduinen.be (GPS: 51.283558, 3.057261). Bungalowsiedlung neben einem Spaßbad. Ein größerer Bereich ist auch für Campingtouristen vorgesehen. Nach einem kurzen Waldspaziergang und der Überquerung der N34 ist man am Strand.

CP 8 – Camping De Heide, Driftweg 210A, 8420 De Haan, www.deheide.be (GPS: 51.256838, 2.991262).

CP 9 – Camping Duinzicht, Rozenlaan 23, 8450 Bredene, www.campingduinzicht.be (GPS: 51.248271, 2.967156). Großer Campingplatz direkt am Ortskern von Bredene-aan-Zee.

Strandgenuss pur

DAS GRÖSSTE SEEBAD AN DER BELGISCHEN KÜSTE

Nach den kleinen Seebädern Belgiens erreicht man mit **Ostende** (belgisch: Oostende) ein deutlich größeres Seebad. Gelegentlich wird die Stadt heute immer noch als die Königin der Seebäder bezeichnet. Das erste, was man aber sieht, wenn man sich der Stadt von Osten nähert, ist die Hafenanlage. Bis zum Jahr 2013 pendelte ab hier eine Autofähre in das englische Örtchen Ramsgate. Eine Wiederbelebung des Schiffsverkehrs, zumindest für Waren und Fracht, war ausgerechnet im Zusammenhang mit dem Brexit geplant. Doch aus unterschiedlichen Gründen ist es bisher nicht dazu gekommen, und es bleibt abzuwarten, ob in Ostende zukünftig wieder regelmäßige Fahrten nach Großbritannien durchgeführt werden. Der östliche Teil des Hafens wird überragt vom blau-weißen Leuchtturm Lange Nelle. Gleich daneben befindet sich in den Dünen ein Festungsmuseum im **Fort Napoleon** (www.fort-napoleon.be).
Wer einen der Parkplätze (GPS: 51.236291, 2.935473 oder 51.234419, 2.928397) im östlichen Hafenbereich aufsucht, der kann mit der kleinen Fähre sehr einfach und schnell auf die Westseite des Hafens übersetzen. Damit steht man direkt am **Fischmarkt** von Ostende und hat beste Möglichkeiten, die Promenade und das Stadtzentrum zu Fuß zu erkunden.

Besonders sehenswert ist die Kirche **St. Peter und Paul**. Sie ist im neugotischen Stil errichtet und erinnert an eine kleinere Variante des Kölner Doms, der beim Bau auch ein wenig als Vorbild genutzt wurde. Die Kirche hat jedoch zwei Besonderheiten. Zum einen ist sie nach Osten ausgerichtet und nicht, wie sonst üblich, nach Westen. Zum anderen ist sie deutlich jünger als sie möglicherweise wirkt. Sie wurde nämlich erst im Jahr 1908 geweiht, drei Jahre nach ihrer Fertigstellung und neun Jahre nach Baubeginn. Im Jahr 1899 wurde der Grundstein für die St.-Peter-und-Paul-Kirche gelegt. Sie ersetzte dabei jedoch eine ältere Kirche, die wenige Jahre zuvor durch einen Brand komplett zerstört wurde.

Auch wenn die Kirche gerade einmal etwas mehr als 100 Jahre alt ist, wirkt sie, als sei sie das älteste Bauwerk der Stadt. Eine klassische Altstadt ist leider nicht mehr vorhanden und so spaziert man meist zwischen modernen Wohn- und Geschäftshäusern des 20. Jahrhunderts. Dazu passt, dass die Marketingabteilung von Ostende zu Beginn dieses Jahrtausends den alten Spitznamen „Königin der Seebäder“ abzulegen versuchte und den Slogan „Stadt am Meer“ etablierte. Auch damit will man sich moderner geben. Die meisten Besucher zieht es aber ohnehin eher aus den Straßen des Zentrums hinaus zur **Strandpromenade**. Doch egal, wo man sich in Ostende aufhält, man wird immer eines der über 300 Restaurants in seiner direkten Nähe haben und irgendwo einkehren können.

Touristinfo Ostende,
Monacoplein 2, 8400 Ostende,
Tel. +32 59/701199,
www.visitoostende.be.

Mit der Ortschaft **Middelkerke** geht es westlich von Ostende so weiter, wie wir es aus den Seebädern östlich der Stadt kennen. Auch Middelkerke ist ein Seebad mit einer lang gestreckten Strandpromenade. Auffällig sind hier die zahlreichen Skulpturen, von denen man die ein oder andere erkennen dürfte, so zum Beispiel den Westernheld Lucky Luke mit seinem Hund Rantanplan oder Schlumpfine von den Schlümpfen. Andere **Comicfiguren**, die ebenfalls am Seedeich als Skulptur aufgestellt wurden, haben es zu weit weniger Berühmtheit gebracht. Die Figuren erinnern daran, dass Middelkerke jedes Jahr zu einem beliebten Comicfestival einlädt. Auch beim Spaziergang durch die Straßen der Stadt wird man immer wieder einige Comicfiguren als Graffiti an den Hauswänden sehen und erkennen. Beliebt ist in Middelkerke auch der Besuch des Warandetoren. Hierbei handelt es sich um einen kostenlosen Aussichtsturm inmitten der Dünen, der auf den Grundmauern eines ehemaligen Wasserturms gebaut wurde.

Agent 212 ist nur einer von vielen Comicfiguren auf der Promenade.

Touristinfo Middelkerke, Joseph Casselaan 1, 8430 Middelkerke, Tel. +32 59/300368, www.middelkerke.be

SP 4 – Wohnmobilstellplatz Zeester Middelkerke, Oostendelaan 193, 8430 Middelkerke, www.camperparkzeester.be (GPS: 51.190709, 2.833403). Ein 2018 eröffneter Stellplatz zwischen einem Bungalowpark und der N318. Ein wenig in der Einflugschneise des Flughafens Ostende, aber dafür nur 600 Meter Fußweg bis zum Strand (inkl. Hundestrand). Großzügige Parzellen, eingezäunter Stellplatz mit Schrankenzufahrt. Ostende kann man mit der Kusttram oder mit dem Fahrrad gut erreichen.

CP 10 – Camping Mijn Plezier, Duinenweg 489, 8430 Middelkerke, www.mijnplezier.be (GPS: 51.175114, 2.792103). Große Campinganlage, auch mit Chalets, in Strandnähe und nur wenige Meter vom Aussichtsturm Warandetoren entfernt.

CP 11 – Camping Poldervallei, Westendelaan 178, 8434 Middelkerke, www.campingpoldervallei.be (GPS: 51.166818, 2.782453). Großer Campingplatz, der auch einen abgeteilten Wohnmobilstellplatz auf Asphalt anbietet.

SP 5 – Wohnmobilstellplatz Camperpark Westende, Heidestraat 18, Westendelaan 341, 8434 Middelkerke, www.camperparkwestende.be (GPS: 51.155790, 2.766237). Eine relativ ungewöhnliche Lage zwischen Wohnviertel und Bungalowpark im Landesinneren von Westende. 30 eingezäunte Stellflächen mit einem kleinen Sanitärgebäude. Zum Strand ist es ungefähr ein Kilometer Fußweg.

SP 6 – Wohnmobilstellplatz Kompas Middelkerke, Strandjuttersdreef 2, 8434 Middelkerke, www.kompascamping.be (GPS: 51.155838, 2.759998).
Ebenfalls eingezäunter und beschrankter Stellplatz, gehört zum nahe gelegenen Kompascamping. Hier folgt man zu Fuß einfach der Straße rund 400 Meter und schon ist man inmitten der Dünen. Ver- und Entsorgung sowie Strom sind vorhanden.

CP 12 – Camping Kompas, Bassevillestraat 141, 8434 Middelkerke, www.kompascamping.be (GPS: 51.157706, 2.760720).
Großer Familien-Campingplatz mit zahlreichen Einrichtungen auch für Kinder.

Nachfolgend drei klassische Campingplätze im westlichen Teil von Middelkerke, die ein gesundes Verhältnis zwischen Bungalows und Touristenplätze besitzen:

CP 13 – Racb Camping, Bassevillestraat 81, 8434 Middelkerke, www.racbcamping.be (GPS: 51.154105, 2.760463)

CP 14 – Camping Zomerzon, Elisabethlaan 1, 8434 Lombardsijde-Bad, www.jetcamp.be (GPS: 51.155123, 2.751519)

CP 15 – Vakantiepark De Lombarde, Elisabethlaan 4, 8434 Middelkerke, www.delombarde.be (GPS: 51.155178, 2.752350)

Ausblick auf das Hinterland der belgischen Küste.

Meer auf der einen, Dünen auf der anderen Seite des Strandes.

SEEBÄDER AUF DEM WEG NACH FRANKREICH

Westlich von Middelkerke sind es nur noch 20 Kilometer bis zur französischen Grenze. Dazwischen erstreckt sich jede Menge Strand an den Seebädern **Nieuwpoort, Koksijde** und **De Panne**. Alle bieten wie gewohnt Strandpromenaden zum Flanieren mit Einkehrmöglichkeiten und den dazugehörigen Stränden zum Erholen an. **De Panne** ist der größte und auch touristischste dieser Orte. Bei Ebbe hat die Stadt einen mehrere Hundert Meter breiten Sandstrand zur Verfügung, der gerne von Strandseglern genutzt wird. Gleich dahinter gelangt man in eine fast zwei Kilometer lange Dünenlandschaft, die bis an die Grenze zu Frankreich und auch darüber hinaus reicht. Einige Wanderwege über die sandigen Dünen führen durch das **Naturreservat De Westhoek** (GPS: 51.093392, 2.565488) und man kann wieder bis zum Strand zurückkehren, wo sich der westlichste Punkt Belgiens befindet. Südlich von De Panne gibt es zwei Einrichtungen, die nicht unterschiedlicher sein könnten. Da wäre zum einen **Plopsaland** zu nennen (www.plopsa.be, GPS: 51.079454, 2.600398). Der Freizeitpark beherbergt mehrere Achterbahnen und weitere rasante Fahrgeschäfte und ist damit ein Spaß für Jung und Alt. Doch nur 500 Meter davon entfernt erinnert ein belgischer Soldatenfriedhof an die düstere

Hier kommt nur noch Strand, Sand und irgendwann Frankreich.

Zeit des Ersten Weltkriegs, die wir im nächsten Kapitel rund um Ypern ein wenig näher kennenlernen werden.

Touristinfo Nieuwpoort, Hendrikaplein 11, 8620 Nieuwpoort, Tel. +32 58/233923, www.nieuwpoort.be

Tourist Information De Panne, Zeelaan 21, 8660 De Panne, Tel. +32 58/421818, www.toerisme.depanne.be

SP 7 – Wohnmobilstellplatz De Zwerver Nieuwpoort, Brugse Steenweg 29, 8620 Nieuwpoort (GPS: 51.130017, 2.764782). Beschrankter Stellplatz etwas im Landesinneren gelegen. Rund 35 Wohnmobile finden hier Platz, jedoch stellenweise ein wenig eng.

CP 16 – Camping Kompas Nieuwpoort, Brugse Steenweg 49, 8620 Nieuwpoort, www.kompascamping.be (GPS: 51.130449, 2.772045). Riesige Campinganlage am Ufer der Yser. Zahlreiche Chalets, klassische Campingbereiche und ein eigens abgetrennter Bereich für Wohnmobile mit Blick auf den Fluss. Großer Kinderspielplatz und Spaßbad mit drei Außenpools und Wasserrutsche.

CP 17 Camping Amazone, Westhinderstraat 2, 8670 Koksijde (GPS: 51.111647, 2.670849). Überschaubarer Campingplatz, rund 600 Meter von der Dünenlandschaft entfernt.

CP 18 – Camping Greenpark, Veurnestraat 177, 8660 De Panne, www.campinggreenpark.be (GPS: 51.095344, 2.599031). Ruhiger Campingplatz mit viel Baumbestand am Rande einer Dünenlandschaft.

Zum Abschluss dieses Kapitels lohnt sich auf dem Weg nach Ypern noch ein kurzer Zwischenstopp im Landesinneren in der

Ortschaft **Veurne**. Das Wohnmobil kann man relativ gut am kleinen Jachthafen (GPS: 51.070329, 2.666153) abstellen. Von dort sind es nur wenige Gehminuten in das überschaubare Zentrum von Veurne. Die Stadt kann man wirklich nicht als groß bezeichnen, umso erstaunlicher, wie beeindruckend sie sich rund um den Marktplatz zeigt. Zahlreiche Wohn- und Geschäftshäuser zieren den Markt mit ihren schönen Fassaden. Gleichzeitig erhebt sich in der einen Ecke der Turm der St.-Nicolas-Kirche, während sich auf der anderen Seite die mächtige St.-Walburga-Kirche präsentiert. Dazwischen, ganz nebenbei, noch ein Weltkulturerbe der UNESCO – der **Belfried** am Rathaus. Die Belfriede in Belgien und Nordfrankreich sind hohe, schlanke Glockentürme, die insbesondere für Flandern typisch sind. In Nordfrankreich, im Raum zwischen Calais und Amiens, sind 23 Belfriede und in Belgien 33 Belfriede in die Liste des schützenswerten Weltkulturerbes aufgenommen worden.

i Touristinfo Veurne,
Grote Markt 29, 8630 Veurne,
Tel. +32 58/335531,
www.toerisme-veurne.be

Malerische Kulisse auf dem Marktplatz von Veurne.

Gemütlicher Altstadtbummel

2. Das Hinterland von Flandern – Zu Besuch in Antwerpen und auf nach Brüssel

Das flämische Binnenland strotzt nur so vor Geschichte und Kultur. Leider kommt gerade der Teil mit geschichtlichen Ereignissen traurig, dunkel und bedrückend daher. Rund um Ypern trifft man auf zahlreiche Soldatenfriedhöfe des Ersten Weltkriegs und man wird immer wieder an dieses dunkle Kapitel des letzten Jahrhunderts erinnert. Darüber hinaus gibt es aber jede Menge Städte zu besichtigen. Wir fahren durch Kortrijk in die Altstadt von Gent und weiter nach Antwerpen. Auf dem Weg dorthin und auch später noch besichtigen wir zahlreiche Belfriede und Beginenhöfe, die das Hinterland Flanderns deutlich prägen. Nahe der Grenze zur Niederlande werden die Städte vorläufig überschaubarer und wir genießen Radtouren an Kanälen und Wanderungen im einzigen Nationalpark Belgiens, dem Nationalpark Hoge Kempen in der gleichnamigen Landschaft Kempen. Am Ende unserer Tour steuern wir das Wohnmobil wieder auf die Campingplätze größerer Städte, besuchen die herrlichen Altstädte von Leuven, Mechelen und zum Abschluss natürlich Brüssel.

So zeigt sich das Zentrum von Ypern heute.

Mit der Ortschaft Veurne im vorherigen Kapitel verlassen wir die Nordsee auf unserer Reise durch die Beneluxstaaten. Unser erster Zwischenstopp auf der Wohnmobiltour im Hinterland Flanderns führt uns in die düstere Zeit des letzten Jahrhunderts zurück. Die Stadt **Ypern** stand im Zentrum der vier Flandernschlachten des Ersten Weltkriegs. Bei den Kämpfen wurde seitens der deutschen Truppen zum ersten Mal Giftgas eingesetzt. Die fast komplett zerstörte Stadt wurde zwar wieder aufgebaut, doch geblieben sind auf Dauer die Erinnerungen an die schreckliche Zeit. Nicht nur in Ypern stößt man immer wieder auf Erinnerungsorte, sondern auch im weiteren Umfeld, wo sich zahlreiche Soldatenfriedhöfe mit mehreren Zehntausend Gräbern befinden.

EINBLICKE IN DIE DUNKLE GESCHICHTE DES 20. JAHRHUNDERTS

Im Stadtzentrum wird man zunächst auf die **Tuchhallen** (Lakenhal) aufmerksam, die vom 70 Meter hohen Belfried gekrönt werden. Der Turm gehört zu den unter UNESCO-Schutz stehenden Belfriede in der Region. Doch sowohl Turm als auch Tuchhallen wurden im Ersten Weltkrieg beinahe komplett zerstört. Eigentlich stammt das Gebäude aus dem 13. Jahrhundert und diente als Lager- und Handelsplatz für Textilien. Bis weit in die zweite Hälfte des letzten Jahrhunderts hinein hat man das Bauwerk möglichst originalgetreu restauriert und wieder aufgebaut. Im Inneren befindet sich das **In Flanders Fields Museum** (www.inflandersfields.be). Es ist

Das Menenpoort ist beeindruckend und traurig zugleich.

benannt nach einem der bekanntesten englischsprachigen Gedichte über den Ersten Weltkrieg. „In Flanders Fields“ verarbeitete der Kanadier John McCrae seine selbst erlebten Eindrücke von den Schlachtfeldern. „Felder in Flandern“, so die deutsche Übersetzung, schrieb er im Mai 1915, einen Tag, nachdem einer seiner Freunde auf dem Schlachtfeld ums Leben kam. John McCrae starb im letzten Kriegsjahr an einer Lungenentzündung. Im Museum, das als eines der bedeutendsten Museen zum Thema Erster Weltkrieg gilt, werden die Schrecken des Krieges interaktiv dargestellt.

Auch das Denkmal links neben den Tuchhallen erinnert an die Opfer des Krieges. Doch noch größer ist die **Menenpoort**. Sie befindet sich östlich des Marktplatzes an der Stelle, an die die kämpfenden Alliierten aus der Stadt hinauszogen, um Ypern gegen die angreifenden Deutschen zu halten. Die Gedenkhalle überspannt einen Teil der Straße und ehrt fast 55.000 vermisste Soldaten Großbritanniens und des Commonwealth, die in den ersten drei Flandernschlachten gefallen waren. Ihre Namen sind an den Innenwänden der Menenpoort eingraviert und werden entfernt, wenn sie im Laufe der Zeit doch noch identifiziert werden konnten. Vor allen Dingen abends um 20 Uhr sollte man sich die Zeit nehmen, um die Menenpoort zu besuchen. Denn bereits seit dem Jahr 1928, ein Jahr nach Fertigstellung der Gedenkstätte, fand hier die erste Ehrung mit dem militärischen Hornsignal „The Last Post“

statt. Seither fand dieses Gedenken über 30.000 Mal am Menenpoort statt – jeden einzelnen Tag. Ausnahme war die Zeit des Zweiten Weltkriegs, ansonsten wird seither jeden Abend um kurz vor 20 Uhr die Straße durch die Menenpoort gesperrt und den Trompetern zum Gedenken an die Gefallenen überlassen. Das galt auch während der Coronakrise, allerdings spielte man „The Last Post“ in dieser Zeit ohne Zuschauer.

Aus derselben Zeit wie die Gedenkhalle Menenpoort stammt die Kirche **St. George's Memorial** am kleinen Platz hinter den Tuchhallen. Auch sie gilt als britische Gedenkstätte und erinnert an über eine Viertelmillion Commonwealth-Soldaten, die während der Flandernschlachten ums Leben kamen. Deutlich größer und älter ist die ebenfalls hinter den Tuchhallen befindliche **St. Martinskirche**. Sie wurde im 14. Jahrhundert gebaut und nach den massiven Zerstörungen durch den Ersten Weltkrieg ebenfalls wieder aufgebaut. In diesem Zusammenhang erhielt die Kirche jedoch einen größeren Turm, der seither 100 Meter in die Höhe ragt.

So wurde nach dem Krieg gebeten, nicht zu plündern.

Wo einst Schlachtfelder waren, erinnern heute Skulpturen und Kunstwerke an die grausame Zeit.

Für alle, die sich umfassender mit der Geschichte des Ersten Weltkriegs befassen möchten und an den Besuch der Soldatenfriedhöfe interessiert sind, hier eine Auswahl:

Lijssenthoek Military Cemetery, Boescheepseweg, Poperinge (GPS: 50.830277, 2.701906). Fast 11.000 Kriegsgräber, überwiegend aus den Commonwealth-Staaten. Westlich von Ypern auf dem Weg zur französischen Grenze.

Harelbeke New British Cemetery, Deerlijksesteenweg, Harelbeke (GPS: 50.859368, 3.324363). Über 1.100 britische Soldatengräber, nordöstlich von Kortrijk.

Flanders Field American Cemetery, Wortegemseweg, Waregem (GPS: 50.873602, 3.452263). Der einzige US-amerikanische Soldatenfriedhof in Belgien. Rund 370 Gräber im Südosten der Stadt Waregem, nordöstlich von Kortrijk. Der amerikanische Pilot Charles Lindbergh erwies den Soldaten die Ehre und überflog den Friedhof 1927 mit seinem Flugzeug „The Spirit of St. Louis", mit dem er auch den Atlantik als Erster überquerte. Bei seinem Überflug über den Friedhof warf er einen Blumenstrauß ab.

Tyne Cot Cemetery (mit Besucherzentrum), Vijfwegestraat, 8980 Zonnebeke (GPS: 50.887136, 3.000961). Fast 12.000 Gräber befinden sich an genau der Stelle, an der die Deutschen eine zentrale Stellung in der Flandernschlacht errichteten. Zwei Bunkeranlagen sind zwischen den Gräbern zu sehen und in der Mitte befindet sich der ehemalige Kommandobunker. Auf diesem wurde das große Kreuz (Cross of Sacrifice) errichtet. Außerdem sind an einer

Die Schrecken des Krieges zeigen sich auch auf Tyne Cot.

Gedenkmauer weitere 35.000 Namen vermisster Soldaten des Commonwealth angebracht. Alleine diese sind nach dem 15. August 1917 gefallen. Alle anderen vermissten Soldaten sind namentlich in der Menenpoort aufgeführt.

Hooge Crater Cemetery, Menenstraat, 8902 Ypern (GPS: 50.846242, 2.942851). Fast 6.000 Gräber westlich von Ypern, überwiegend aus dem Commonwealth. Benannt nach dem nahe gelegenen Krater, der durch eine Minenexplosion entstand. Auf der gegenüberliegenden Straßenseite informiert ein Museum über die hiesigen Kämpfe.

Sanctuary Wood Museum Hill 62, Canadalaan, 8902 Ypern (GPS: 50.835351, 2.947111). Soldatenfriedhof mit Museum, dort gibt es auch eine Parkmöglichkeit. Am Ende der Straße befindet sich kurz darauf die kanadische Gedenkstätte Hill 62. Dieser Hügel hatte während der verschiedenen Flandernschlachten eine hohe strategische Bedeutung.

Deutscher Soldatenfriedhof Langemark, Markt, 8920 Langemark-Poelkapelle (GPS: 50.921703, 2.916922). Einer von vier deutschen Soldatenfriedhöfen. Rund 44.000 Tote, davon 25.000 Soldaten in einem Massengrab. 17.000 Soldaten sind identifiziert worden und werden namentlich auf Bronzetafeln aufgeführt. Nördlich von Ypern.

Deutscher Soldatenfriedhof Menen, Groenestraat 363, 8930 Menen (GPS: 50.809201, 3.151975). Der größte deutsche Soldatenfriedhof in Belgien mit rund 48.000 Gräbern. Er ist der größte Soldatenfriedhof Flanderns und der größte deutsche Soldatenfriedhof des Ersten Weltkriegs. Südwestlich von Kortrijk, nahe der belgisch-französischen Grenze.

Deutscher Soldatenfriedhof Vladslo, Houtlandstraat 3, 8600 Diksmuide (GPS: 51.070874, 2.930265). Auf dem nördlich von Diksmuide gelegenen Soldatenfriedhof befinden sich zwei von Käthe Kollwitz geschaffene Skulpturen. Sie erheben sich als „Trauernde Eltern" am Grab ihres Sohnes, der im November 1914 fiel.

Die Kriegsschauplätze können heute besichtigt werden.

Neben den zahlreichen Friedhöfen (es gibt noch viele andere) erinnern auch die **Gedenkstätten** in der Region an die schrecklichen Ereignisse. So war zum Beispiel südöstlich von Ypern die Höhe 60 (Hill 60) ebenfalls schwer umkämpft. Ein kurzer Wanderweg führt durch das Areal, zu dem auch der sogenannte Caterpillar-Krater gehört. Dieser mit Wasser gefüllte Krater war einst ebenfalls ein Hügel, der mit einer Mine weggesprengt wurde. Einige der Gedenkorte in der Region entstanden anlässlich der 100-Jahr-Gedenkveranstaltungen in den Jahren 2014 bis 2018. Manche davon sind wiederum als vergängliche Kunst angelegt, so zum Beispiel die Land-Art-Installation „Coming World Remember Me" südlich von Ypern (GPS: 50.814723, 2.921382), die im Laufe der Jahre von der Natur vereinnahmt werden wird.

i Touristinfo Ypern,
Grote Markt 34, Lakenhalle,
8900 Ypern,
Tel. +32 57/239220,
www.toerismeieper.be

SP 8 – Wohnmobilstellplatz Camperplaats Zillebeke Vijver, Zillebekevijverdreef, 8902 Ypern (GPS: 50.835027, 2.905051). Ruhiger Stellplatz für 17 Fahrzeuge zwischen einem weiteren Soldatenfriedhof und einem See. Maximale Standzeit zwei Tage. Zwar außerhalb von Ypern gelegen, aber es ist nur eine halbe Stunde Fußweg bis zur Gedenkhalle Menenpoort. Ungefähr genauso lange läuft man in die andere Richtung zu Hill 60 und zur Land-Art-Installation.
Ver- und Entsorgung sowie Strom vorhanden.

CP 19 – Camping Jeugdstadion, Bolwerkstraat 1, 8900 Ypern, www.jeugdstadion.be (GPS: 50.846855, 2.897867). Einfacher, kleiner Campingplatz mit Standardausstattung im Süden der Stadt direkt neben einem Stadion. Zur Menenpoort sind es gerade einmal zehn Minuten Fußweg.

SP 9 – Wohnmobilstellplatz Sixtusbos Camperpunt, Nachtegaalstraat 2, 8640 Vleteren, www.sixtusbos.be (GPS: 50.898388, 2.710575). An einem Bauernhof in ruhiger Lage befindlicher Wohnmobilstellplatz. Strom sowie Ver- und Entsorgung vorhanden. Rund fünf Kilometer nördlich von Poperinge. Mit dem Fahrrad ist es etwas weniger als eine Stunde bis Ypern.

CP 20 – Camping Stal 't Bardehof, Barlebuizestraat 8, 8972 Poperinge, www.staltbardehof.be (GPS: 50.890859, 2.695390). Kleiner Campingplatz am Bauernhof in der Nähe vom Stellplatz Sixtusbos. Auch hier wieder ein kleiner Soldatenfriedhof in unmittelbarer Nähe.

CP 21 – Camping Ypra, Pingelarestraat 2, 8956 Heuvelland, www.camping-ypra.be (GPS: 50.784683, 2.819911). Campingplatz rund neun Kilometer südwestlich von Ypern, überwiegend Bungalows, aber auch ein größerer Bereich für Campingtouristen.

SP 10 – Wohnmobilstellplatz De Balokken, De Balokken, 8940 Wervik (GPS: 50.773891, 3.037467). Neun Stellflächen auf Rasengittersteinen hinter einer Schranke. Der Platz befindet sich auf einer kleinen Insel im Fluss Leie in Wervik westlich von Menen. Der Fluss ist Grenzfluss zwischen Belgien und Frankreich, man steht quasi neben Frankreich. Über eine Fußgängerbrücke gelangt man direkt zu einem Tabakmuseum (www.nationaaltabaksmuseum.be), das neben einer schönen Windmühle in Wervik liegt.

Über die einstige Front erfährt man heute mehr auf einem Wanderweg.

Kortrijk zeigt sich mit einer aufgeräumten Innenstadt.

AUF DEM WEITEREN WEG DURCH FLANDERN

Kortrijk ist die nächstgrößere Stadt auf unserem Weg durch Belgien. Sie präsentiert sich mit einer Mischung aus Tradition und Moderne. Zugegeben, mit dem Gewusel in den vielen Gassen von Brügge ist Kortrijk nicht zu vergleichen. Doch bietet sie rund um den Grote Markt einige Sehenswürdigkeiten. Am auffälligsten ist der frei stehende **Belfried** aus dem 14. Jahrhundert. Er zählt ebenfalls zu den Türmen, die in der Welterbeliste der UNESCO eingetragen sind. An der Nordseite des Marktes erhebt sich das historische Rathaus mit seiner gotischen Fassade, während die meisten anderen Gebäude am Markt deutlich jüngeren Datums sind und aus der Nachkriegszeit stammen. Einige Gassen bzw. Fußgängerzonen gibt es aber dann doch, nämlich in der anderen Richtung des Marktplatzes. Dort gelangt man zur **St. Martinskirche** aus dem 13. Jahrhundert. Nur 150 Meter weiter nördlich erhebt sich ebenfalls stolz in ähnlicher Größe die **Liebfrauenkirche** aus derselben Epoche. Genau zwischen den beiden Gotteshäusern erstreckt sich ein weiterer **Beginenhof**. Der kleine, kopfsteingepflasterte Hof beherbergt eine Kapelle und ist wiederum von malerischen, historischen Wohntrakten umgeben. Auch dieser Beginenhof gehört, wie schon der in Brügge, zu den 13 Höfen ihrer Art in Flandern, die unter dem Schutz der UNESCO stehen.

Im nördlichen Teil der Altstadt fließt die **Leie** und bildet durch zwei Flussarme sogar eine Insel.

Um von der Altstadt aus auf die Insel zu gelangen, benutzt man in der Regel die Broelbrücke. Die nur 20 Meter lange Brücke ist an beiden Ufern von den mächtigen **Broeltürmen** flankiert. Sie wirken mit ihrem Durchmesser von rund acht Metern beinahe schon unverhältnismäßig und wuchtig im Vergleich zur kurzen Brücke. Die Türme stammen aus der Wende zum 15. Jahrhundert und sind die letzten Überreste der einstigen Stadtbefestigung. Der südliche Turm ist dabei ein paar Jahrzehnte jünger.

Touristinfo Kortrijk, Begijnhofpark, 8500 Kortrijk, Tel. +32 56/277840, www.toerismekortrijk.be

SP 11 – Wohnmobilstellplatz Kortrijk, Dam of, Damkaai, 8500 Kortrijk (GPS: 50.831461, 3.268384). Stellplatz mit Strom sowie Ver- und Entsorgung hinter einer Schranke direkt im Stadtzentrum und in Sichtweite zu den nur 120 Meter entfernten Broeltürmen. Mit Dickschiffen kann es hier recht eng werden.

SP 12 – Wohnmobilstellplatz Kortrijk Sportplätze, Stasegemsesteenweg 23, 8530 Harelbeke (GPS: 50.846005, 3.310991). Sieben enge Stellflächen auf Asphalt hinter einer Schranke. Direkt neben einem Stadion und einem Sportzentrum, unweit eines Sees rund dreieinhalb Kilometer östlich der Innenstadt von Kortrijk.

Einladend ist der Beginenhof in Kortrijk

Die Leie fließt an der Altstadt von Kortrijk vorbei.

Von Kortrijk aus käme man spielend einfach nach Tournai in der Wallonie. Doch bevor wir uns diesem Kapitel widmen, bleiben wir noch in der flämischen Region und gehen auf Städtetour im Norden Belgiens. Sowohl über die Autobahn E17 als auch über die drei Kilometer entfernte, parallel verlaufende Schnellstraße N43 gelangen wir von Kortrijk aus jedenfalls sehr einfach in die Stadt Gent. Hier kommen wir übrigens auch automatisch am amerikanischen Soldatenfriedhof In Flanders Field vorbei. Kurz vor den Toren der Stadt Gent kann man bei **Deinze** einen kleinen Zwischenstopp einlegen. In malerischer Lage erhebt sich dort in den Flussauen der Leie das **Schloss Ooidonk** (www.ooidonk.be, GPS: 51.003477, 3.583833). Das im Stil der Renaissance erstrahlende Schloss ist komplett von einem Wassergraben umgeben und stammt aus dem Ende des 16. Jahrhunderts. Vorherige Bauten an derselben Stelle wurden durch Brände zerstört und waren einst Teil einer Verteidigungslinie rund um Gent. Die Innenstadt ist von hier aus nur noch rund zehn Kilometer entfernt.

Auf dem Weg von Kortrijk nach Gent gibt es unterwegs folgende Übernachtungsmöglichkeiten:

SP 13 – Wohnmobilstellplatz Waregem, Emiel Clausstraat 5, 8793 Waregem (GPS: 50.908867, 3.404546). Einfacher Stellplatz für acht Fahrzeuge am südlichen Ufer der Leie, jedoch auch direkt an einer viel befahrenen Straßenbrücke.

SP 14 – Wohnmobilstellplatz Zulte, Petegemstraat 54, 9870 Zulte (GPS: 50.960899, 3.483155). Im hinteren Teil eines Parkplatzes befinden sich acht Stellflächen in ruhiger Lage an einem alten Seitenarm der Leie. Der Platz liegt rund vier Kilometer südwestlich von Deinze.

CP 22 – Camping Groeneveld, Groenevelddreef 14, 9800 Deinze, www.campinggroeneveld.be (GPS: 51.004949, 3.572540). Klassischer Campingplatz in ruhiger Waldlage. Eigentlich nur 800 Meter vom Schloss Ooidonk entfernt. Doch durch einige Wassergräben ist ein Umweg erforderlich, sodass man rund eine halbe Stunde zum Schloss unterwegs ist.

Beeindruckend sind die Broeltürme.

Die St. Niklaaskirche und der Belfried sind nur zwei der Schönheiten in Gent.

STADT DER DREI TÜRME

Gent gehört wieder zu den Städten, für die man etwas Zeit mitbringen sollte. Sie ist zwar die zweitgrößte Stadt des Landes, doch vergleicht man die Einwohnerzahl mit der einer deutschen Stadt, dann landet man in etwa bei Mönchengladbach oder Gelsenkirchen. Klingt überschaubar, aber in Gent gibt es fast 10.000 kulturhistorisch interessante Gebäude, von denen eine nicht unerhebliche Anzahl unter Denkmalschutz steht. Drei von ihnen ragen dabei weit in die Höhe und stehen gleich hintereinander. Beginnen wir mit der **St.-Bavo-Kathedrale**, die dem heiligen Bavo geweiht ist. Der heilige Bavo ist im deutschsprachigen Raum eher unbekannt und lebte im 7. Jahrhundert. Vor allen Dingen in Flandern und insbesondere in Gent wird er verehrt. Im Inneren der im 16. Jahrhundert fertiggestellten Kirche zieht besonders der Flügelaltar, der sogenannte **Genter Altar**, die Blick auf sich. Er wurde im frühen 15. Jahrhundert von Jan van Eyck geschaffen, möglicherweise mithilfe seines Bruders Hubert van Eyck, hier ist sich die Forschung jedoch uneinig. Der Genter Altar war Teil der von den Nazis geraubten Kunstschätzen, die später von den Amerikanern in einem Salzbergwerk in Österreich wiederentdeckt wurden. So wie die Brügger Madonna wurde der Genter Altar als wichtiges Element in der Hollywood-Verfilmung „Monuments Men" eingebaut.

Gegenüber der Kathedrale erhebt sich der **Genter Belfried** (www.belfortgent.be) mit einer Höhe von 95 Metern. Der Baubeginn für den Glockenturm begann im frühen 14. Jahrhundert. Unter den vier kleinen Ecktürmen sind an der Fassade die sogenannten Wächterfiguren angebracht, während im Inneren eine über sechs Tonnen schwere Glocke hängt. Besonders beeindruckend ist natürlich der Ausblick vom oberen Aussichtspunkt, den man entweder über die engen Treppen oder mit dem Fahrstuhl erreichen kann. Etwas später entstanden am Belfried die beiden kleineren Anbauten. Dabei handelt es sich um die Tuchhallen aus dem 15. Jahrhundert und den noch kleineren Anbau, der als Mammelokker bezeichnet wird und im 18. Jahrhundert als Wachstube errichtet wurde. Selbstverständlich zählt auch dieser Belfried zu denjenigen, die auf der Welterbeliste der UNESCO verzeichnet sind.

Neben dem Turm der Kathedrale und dem Belfried ist der Turm der **St. Niklaaskirche** zu nennen. Er ist zentral auf dem gotischen Gotteshaus platziert und vervollständigt die sogenannten Drei Türme von Gent, die weithin sichtbar eine Turmreihe bilden. Ebenfalls im Stil der Gotik präsentiert sich das alte Rathaus nördlich der Turmreihe bzw. des Belfrieds. Ein Stilbruch hingegen ist die Stadthalle auf dem Platz zwischen Belfried, Rathaus und St. Niklaaskirche. Sie wurde im Jahr 2012 fertiggestellt und ist in der Bevölkerung und bei Besuchern stark umstritten. Im Grunde ist es keine Halle, sondern eine teilweise Überdachung des Platzes in Form von zwei hölzernen Giebeldächern. Dieses Dach steht wiederum auf vier Betonklötzen. Das muss man mögen, besonders in Anbetracht der umliegenden historischen Bauwerke.

GEMÜTLICHER SPAZIERGANG DURCH GENT

Historisch geht es auch westlich der St. Niklaaskirche weiter. Dort befinden sich einerseits der belebte **Kornmarkt** sowie die St. Michielsbrücke, die sich über die schmale Leie spannt. Gleich dahinter erhebt sich mit der gleichnamigen St. Michielskirche ein weiteres Gotteshaus. Folgen wir bei unserem Stadtrundgang doch den Gleisen der Straßenbahn auf dem Kornmarkt. In nördliche Richtung gelangen wir so zum **Groentenmarkt**, wo sich das lang gestreckte Groot Vleeshuis (https://www.grootvleshuis.be) befindet. Diese historische Fleischhalle ist heute eine beliebte

Einkehrmöglichkeit. Hinter der Fleischhalle überquert man ebenfalls die Leie und schon befindet man sich vor der beeindruckenden **Wasserburg Gravensteen** (www.gravensteengent.be). Den schönsten Blick auf die Burg hat man von der Hoofdbrug, einer kleinen Brücke über den anderen Fluss Lieve. Die Grafen von Gent hätten sich wohl nie vorstellen können, dass ihre mächtige Burg mittlerweile mitten in der Altstadt liegt und Straßenbahnen nur wenige Meter an der stattlichen Burgmauer vorbeifahren. Gravensteen wurde Ende des 12. Jahrhunderts dort errichtet, wo schon 300 Jahre zuvor eine erste Festung stand. Die Mauer besteht aus einem ovalförmigen Grundriss und besitzt zwei Dutzend Vorsprünge mit jeweils einem kleinen Türmchen. Innerhalb der Burgmauern befindet sich zentral das eigentliche Gebäude, in dem heute ein **Waffenmuseum** und ein **Foltermuseum** sowie natürlich die Burgräumlichkeiten besichtigt werden können.

Gent kann man auch vom Ausflugsboot aus erleben.

Darüber hinaus hat Gent weitere **Museen und Ausstellungen** zu bieten. Zu nennen wären da zum Beispiel das S.M.A.K. als Museum für zeitgenössische Kunst (www.smak.be), gleich daneben das Museum der Schönen Künste (www.mskgent.be) oder auch das Stadtmuseum (www.stamgent.be).

Touristinfo Gent,
Sint-Veerleplein 5,
9000 Gent,
Tel. +32 9/2665660,
https://visit.gent.be

CP 23 – Camping Blaarmeersen,
Campinglaan 16, 9000 Gent
(GPS: 51.046651, 3.680993).
Fast 50 großzügig dimensionierte und mit Hecken abgetrennte Parzellen befinden sich in einem großen Freizeitkomplex im Westen der Stadt. Zum Belfried benötigt man zu Fuß etwas weniger als eine Stunde (mit dem Rad circa 15 Minuten), doch schon lange vorher ist man natürlich bereits in der Altstadt unterwegs. Alternativ kann man auch mit den Buslinien 38/39 direkt ab dem Campingplatz in das Zentrum gelangen.

SP 15 – Wohnmobilstellplatz Gent,
Driebeekstraat 22, 9050 Gentbrugge
(GPS: 51.037738, 3.767678).
Ein typisches Beispiel für einen einfachen Wohnmobilstellplatz, der offensichtlich von Nichtwohnmobilfahrern angelegt wurde. Man hat hier einen Teil eines öffentlichen Parkplatzes mit einem Maschendrahtzaun abgeteilt, eine Schranke aufgestellt und immerhin für Strom sowie für Ver- und Entsorgung gesorgt. Doch die acht Stellflächen bieten lediglich Kuschelcamping, und es ist kaum möglich, das Fenster aufzuklappen. Den Bedarf hat man allerdings auch nicht, da man ohnehin neben der sechsspurigen Autobahn E17 steht. Diese unterquert man zu Fuß, um zur Bushaltestelle zu gelangen. Mit dem Bus erreicht man nach einer halben Stunde den Belfried. Mit dem Rad benötigt man hier auch nur eine knappe Viertelstunde.

Die Autobahn E17 (A14) dient uns dazu, die Stadt Gent zu verlassen und mit Antwerpen die nächstgrößere Stadt Belgiens anzusteuern. Auf dem Weg dorthin kann man noch in der Ortschaft **Sint Niklaas** Halt machen, besonders dann, wenn man sich für Kartografie interessiert. Der im Jahr 1512 in Flandern geborene **Gerhard Mercator** hat sich einen Namen als Kartograf gemacht. Er schuf mehrere Globen und war wegweisend in diesem Bereich. Geboren wurde er in Rupelmonde, einem kleinen Ort an der Schelde zwischen Antwerpen und Sint Niklaas. Später zog er nach Duisburg, wo er auch verstarb und wo einige seiner Werke im Kultur- und Stadthistorischen Museum untergebracht sind. Doch auch in Sint Niklaas gibt es ein Museum, das sich mit dem Leben und Wirken des Kartografen befasst (https://www.museasintniklaas.be).

Aufgrund der aufwendigen Ausstattung wird der Bahnhof von den Antwerpenern auch liebevoll „Eisenbahnkathedrale“ genannt.

ANTWERPEN, DIE GRÖSSTE STADT BELGIENS MIT INNENSTADT UND HAFENAREAL

Antwerpen besteht, so könnte man es fast umschreiben, aus zwei völlig unterschiedlichen Stadtbildern. Da wäre zum einen die eigentliche Innenstadt mit ihren Sehenswürdigkeiten und zum anderen das nördlich davon gelegene große Hafengebiet. Antwerpen ist die größte Stadt Belgiens und liegt direkt am Ufer der Schelde. Ähnlich wie Hamburg befindet sich die Stadt jedoch mehr im Landesinneren und nicht direkt an der Küste. Dennoch besitzt Antwerpen den größten Hafen des Landes. Dieser reicht im Norden direkt bis an die Landesgrenze zur Niederlande. Dort beginnt gleichzeitig der Schelde-Rhein-Kanal, der sich fast komplett auf niederländischer Seite befindet und es der Schifffahrt ermöglicht, von Rotterdam nach Antwerpen zu gelangen, ohne den Umweg über die Nordsee nehmen zu müssen.

Der **Hafen** lässt sich mit einer Hafenrundfahrt erkunden. Dabei wird man auch das Gebäude der Hafengesellschaft kennenlernen. Das historische Bauwerk wurde 2016 mit einem fast ebenso großen modernen Aufsatz auf dem Dach ergänzt. Der Neubau soll mit seiner Glasfassade an einen geschliffenen Diamanten erinnern, immerhin gilt Antwerpen als wichtiger Handelsplatz für Diamanten. Der Hafen hatte im Zweiten Weltkrieg, insbesondere nach dem D-Day im Jahr 1944, eine wichtige strategische Bedeutung. Daher stand er zusammen mit der Stadt als Ziel für Hitlers sogenannte Wunderwaffen V1 und V2 neben London ganz oben auf der Liste. Fast 10.000 Raketen sind in den letzten Kriegsmonaten auf Antwerpen abgefeuert worden und hatten den Zweck, die Stadt dem Erdboden gleichzumachen. Dabei starben über 4.000 Menschen; allein fast 600 Tote gab es zu beklagen, als im Dezember 1944 eine Rakete das vollbesetzte Rex-Kino nahe des Hauptbahnhofs traf.

Trotz dieser schrecklichen Angriffe konnte sich Antwerpen erstaunlicherweise ein zum Teil historisches Stadtbild bewahren. Doch vor allen Dingen glänzt die Stadt mit Kultur, weshalb sie zur Kulturhauptstadt Europas 1993 gewählt wurde. Was übrigens ebenfalls erwähnt werden sollte, ist die Tatsache, dass Antwerpen auch schon Gastgeber für die Olympischen Sommerspiele war. Im Jahr 1920 wurde das olympische Feuer zum bisher einzigen Mal in Belgien entfacht. Für damalige Verhältnisse gab es eine erstaunlich hohe Anzahl an

Wettbewerben, was erst 1964 bei den Olympischen Spielen in Tokio wieder übertroffen wurde. Für die Austragung der Spiele, die übrigens von Mitte April bis Mitte September andauerten, entschied man sich bewusst, wegen der starken Zerstörungen des Ersten Weltkriegs. Nebenbei erwähnt sind das *die* Olympischen Spiele gewesen, bei denen die Flagge bzw. die heute bekannten Olympischen Ringe eingeführt wurden. Aber kommen wir zurück in die heutige Zeit und spazieren wir ein wenig durch die Altstadt von Antwerpen.

Zentraler Blickfang ist die gotische **Liebfrauenkathedrale**, die man im 14. Jahrhundert zu bauen begann. Auch heute noch ist erkennbar, dass eigentlich zwei Türme geplant waren. Fertiggestellt wurde jedoch nur der nördliche, der dafür eine beachtliche Höhe von 123 Metern aufweist und mit den weiteren Belfrieden der Region auf der Liste des UNESCO-Weltkulturerbes verzeichnet ist. Im Inneren der Kirche zieht es die meisten Besucher zu den vier Gemälden von Peter Paul Rubens. Diese zu Beginn des 17. Jahrhunderts geschaffenen Werke sind „Die Kreuzaufrichtung“, „Maria Himmelfahrt“, „Die Auferstehung Christi“ und das Altarbild „Die Kreuzabnahme“.

STADTRUNDGANG DURCH ANTWERPEN

Auf dem dreieckigen kleinen Platz vor der Kirche tobt das Leben in der Antwerpener Innenstadt mit zahlreichen Straßencafés und Souvenirläden. Nur eine Gasse weiter gelangt man zum **Grote Markt**, der an seiner Westseite vom Rathaus flankiert wird. Nicht minder sehenswert sind die Fassaden der Gildenhäuser auf der Nordseite. Zentral platziert wurde der **Brabobrunnen** aus dem Ende des 19. Jahrhunderts. Zu sehen ist Silvius Brabo, der der Legende nach die abgehackte Hand eines Riesen in die Schelde wirft. Von dem Begriff „Hand werfen“ soll sich der Name der Stadt Antwerpen abgeleitet haben. Keine Legende, sondern Tatsache ist, dass die Schelde vom Marktplatz aus in wenigen Schritten zu erreichen ist. Man spaziert einfach links am Rathaus vorbei und dann geradeaus bis zum Ufer. Dort sieht man rechter Hand das nächste namhafte und zugleich auch älteste Gebäude der Stadt. Die **Stadtburg Steen** wurde im 12. Jahrhundert errichtet und war Teil der damaligen Stadtbefestigung. Lange Zeit diente die Burg anschließend als Gefängnis und schon Mitte des 19. Jahrhunderts nutzte man sie als Museum. Die Ausstellung über die Schifffahrt, die einst in der Burg gezeigt wurde, ist mittlerweile jedoch in das modernere **Museum aan de**

Stroom (www.mas.be) umgezogen. Um es zu erreichen, geht man einfach rund 600 Meter weiter flussabwärts, bis auf der rechten Seite das quaderartige, markante Gebäude zu erkennen ist. Es markiert zugleich den Übergang von der Innenstadt in das Hafenviertel. Folgen wir der Straße noch ein kurzes Stück, so gelangen wir zum **Red Star Line Museum** (www.redstarline.be), das sich in ehemaligen Lagerhallen der gleichnamigen Reederei befindet. Es erläutert die einstige Migration der Europäer nach Amerika, die auf den Transatlantikrouten vorwiegend nach Ellis Island bei New York fuhren.

Wie eingangs erwähnt, bietet Antwerpen jede Menge Möglichkeiten für einen Besuch von Kunst und Kultur. Zu den herausragenden Museen der Stadt zählt wohl zweifellos das **Plantin-Moretus-Museum,** das aufgrund seiner Geschichte zum Weltkulturerbe der UNESCO zählt (www.museumplantinmoretus.be). Es befindet

Im schicken Stadtteil Eilandje im ehemaligen Hafenviertel steht das Museum MAS (Museum aan de Strom). Es zeigt die Geschichte Antwerpens in der Welt.

Am Grote Markt: Auf vielen Dächern der prachtvollen Gildehäuser thront vergoldet der Schutzpatron des jeweiligen Gewerbes.

sich wenige Straßen weiter, südlich von der Liebfrauenkirche und ist im Gebäude einer alten Buchdruckerei aus dem 16. Jahrhundert untergebracht. Zu den Höhepunkten der Ausstellung zählen die Druckerei der Buchdruckerfamilie Plantijn, die umfangreiche Privatbibliothek und der kleine Garten im Innenhof des Gebäudekomplexes. In der Bibliothek stößt man bei seinem Besuch auf das älteste gedruckte Werk Belgiens, heute würde man wohl Printausgabe dazu sagen. Es handelt sich um eine der 14 noch existenten 36-zeiligen Gutenberg-Bibeln.

Nur wenige Straßen weiter befindet sich das zu Beginn des 17. Jahrhunderts fertiggestellte **Rubenshaus** (www.rubenshuis.be). Hier verbrachte der aus einer flämischen Familie stammende Peter Paul Rubens einen großen Teil seines Lebens. Geboren wurde er zwar in Siegen, im heutigen Nordrhein-Westfalen, doch gilt er als einer der bedeutendsten Söhne der Stadt Antwerpen. Heute wird im Rubenshaus an sein Leben und Wirken mit zahlreichen Gemälden und anderen Ausstellungsstücken erinnert.

Antwerpen bietet weitere sehenswerte Bauwerke. Unweit des Rubenshauses erhebt sich das höchste weltliche Gebäude der Stadt, lediglich die Liebfrauenkirche ist noch höher. Die Rede ist vom **Boerentoren**, einem der ersten Hochhäuser auf dem europäischen Kontinent. Es ist im Art-déco-Stil in den 1930er-Jahren entworfen worden und erinnert ein wenig an das Empire State Building in New York, allerdings ist es mit rund 84 Metern Höhe wesentlich kleiner. Architekturbegeisterte sollten auch der Bahnhofshalle im **Bahnhof Antwerpen-Centraal** einen Besuch abstatten. Die beeindruckende Fassade wurde im eklektizistischem Stil entworfen und stammt aus den Anfängen des letzten Jahrhunderts.

Übrigens, Antwerpen besitzt auch einen Beginenhof im nördlichen Teil der Altstadt. Doch anders als in anderen Städten steht dieser nicht unter dem Schutz der UNESCO. Und da wir zum Abschluss des Stadtrundgangs gerade beim Thema wären: Ganz abgesehen davon, dass die komplette Altstadt ein Kandidat für die Welterbeliste wäre, besitzt Antwerpen neben dem Kirchturm und dem Plantin-Moretus-Museum noch ein drittes Weltkulturerbe. Dieses liegt etwas außerhalb am Südrand der Innenstadt und wird wieder einmal Architekturinteressierte begeistern. Das **Maison Guiette** (www.fondationlecorbusier.fr, GPS: 51.183671, 4.392246) ist eines von 17 Bauwerken des schweizerisch-französischen Architekten Le Corbusier, die dieser weltweit erschuf.

Wiederum nicht weit davon entfernt befindet sich das **Middelheimmuseum** (www.middelheimmuseum.be, GPS: 51.181424, 4.412920), das vor allen Dingen durch einen großen Skulpturenpark besticht.

i Touristinfo Antwerpen,
Grote Markt 13/De Plantijnse Zaal,
2000 Antwerpen,
Tel. +32 2/2320103,
www.visitantwerpen.be

CP 24 – Camping de Molen, Jachthavenweg 6, 2050 Antwerpen, www.camping-de-molen.be (GPS: 51.234036, 4.394052). In einem Knick der Schelde befindet sich dieser Campingplatz mit einem in die Jahre gekommenen Sanitärbereich. Gleich daneben ein Freibad und ein Skatepark. Hin und wieder finden auch Veranstaltungen statt. Vorteil dieses Platzes ist die sehr gute Anbindung an das Stadtzentrum. In rund 20 Minuten Fußweg ist man am Sint-Annatunnel, einem Fußgängertunnel, der unter der Schelde direkt bis an die Altstadt verläuft. Alternativ kann man das näher gelegene Wassertaxi benutzen, um das Schelde-Ufer zu wechseln.

SP 16 – Wohnmobilstellplatz Antwerpen, Vogelzanglaan 7–9, 2020 Antwerpen (GPS: 51.189847, 4.401014). Der Stellplatz besteht aus einer großen, baumreichen Wiese und bietet Ver- und Entsorgung sowie Strom. Ein Sanitärbereich ist nicht vorhanden. Nach einer knappen Stunde steht man an der Liebfrauenkirche. In die andere Richtung sind es knapp 20 Minuten bis zum Middelheimmuseum und 15 Minuten bis zum Maison Guiette. In der Nähe des Stellplatzes befinden sich Haltestellen, um mit öffentlichen Verkehrsmitteln in die Altstadt zu gelangen.

Bevor wir uns von Antwerpen aus der Metropole Brüssel nähern, was nur eine kurze Fahrt von einer runden Dreiviertelstunde bedeuten würde, befassen wir uns mit der **Landschaft Kempen**. Sie erstreckt sich östlich von Antwerpen und umfasst sowohl die belgischen Provinzen Antwerpen und Limburg als auch Teile der Niederlande. Als Hauptstadt dieser Region gilt Turnhout. Die Stadt liegt nur elf Kilometer südlich von Baarle-Hertog, der Exklave in der Niederlande (siehe Band 2: „Abseits der Küste"). Auch wenn die Landschaft Kempen eher keine überregional bekannten Sehenswürdigkeiten präsentiert, so befinden sich dort dennoch Weltkulturerbestätten der UNESCO. In Hoogstraten, Turnhout, Lier, im weiter südlich gelegenen Mechelen, Diest, Löwen (Leuven), Sint-Truiden und Tongeren sind weitere Beginenhöfe zu sehen. Außerdem heben sich in der Region weitere Belfriede als Weltkulturerbe hervor, zum Beispiel in Herentals. Die Städte Lier, Mechelen, Sint-Truiden und Tongeren bieten sogar beides – Beginenhöfe und Belfriede.

AUSFLUG ZUM EINZIGEN NATIONALPARK BELGIENS

Doch kleine, überschaubare Städte sind nicht alles, was die Region zu bieten hat. Ganz im Osten nahe der Grenze zur Niederlande und zum Ufer der Maas befindet sich der einzige Nationalpark Belgiens. Der **Nationalpark Hoge Kempen** bietet über 200 Kilometer an Wanderwegen und ein eng verzweigtes

Wer die Natur und Ruhe sucht, ist auf den Wanderwegen im Nationalpark genau richtig.

Nicht nur wandern und reiten kann man im Nationalpark, sondern auch einen Planetenpfad erkunden.

Radwegenetz. Außerdem ist der Nationalpark kein zusammenhängendes Gebiet. Er ist über sechs sogenannte Zugangstore zu erreichen. Der zentrale Teil des Nationalparks ist die Mechelse Heide (GPS: 50.977897, 5.659232). Auf mehreren Rundwanderwegen durchquert man hier eine leicht hügelige Heidelandschaft, die zu erwandern sich besonders von Mitte August bis Mitte September lohnt. Der Hauptzugang zum Nationalpark nennt sich Connecterra und befindet sich im Norden von **Maasmechelen** (www.visitmaasmechelen.com, GPS: 50.999790, 5.705994). Hier ist die Landschaft von den Auswirkungen des einstigen Steinkohlebergwerks beeinflusst. Das ehemalige Fördergerüst kann erklommen werden und bietet genauso weite Fernblicke wie die drei begehbaren Bergehalden.

Wer seine Wanderung auf die Panoramahügel mit einer Shoppingtour verbinden möchte, ist am Connecterra gleich doppelt richtig. Maasmechelen bietet sowohl ein großes Einkaufszentrum (GPS: 50.986455, 5.702261) als auch ein umfangreiches Outlet-Center (GPS: 51.002278, 5.708506) mit zahlreichen Boutiquen und Shops.

Weitere **Zugangstore** sind Kattevennen östlich von Genk (GPS: 50.956891, 5.532806) mit Planetenpfad und waldreichen Wanderwegen; Lieteberg (GPS: 50.925432, 5.574128) mit Besucherzentrum, Barfußpfad, Aussichtsturm und Insektenhaus; Pietersheim (GPS: 50.896700, 5.662192) mit alter Burgmauer und Bahnhof As (GPS: 51.005484, 5.604492) mit dem 31 Meter hohen Nachbau eines Bohrturms, der als Aussichtsturm dient.

Dichte Wälder prägen einen Teil von Hoge Kempen.

UNTERWEGS IN DER LANDSCHAFT KEMPEN

Die Alternative zur kurzen, 45-minütigen Fahrt von Antwerpen nach Brüssel ist die große Runde durch Nordostbelgien inklusive der **Landschaft Kempen**. So kann man im Uhrzeigersinn, also praktisch nahe der niederländisch-belgischen Grenze, durch die Region reisen und dabei die kleinen Ortschaften sowie den Nationalpark kennenlernen. Im Folgenden sind daher einzelne Sehenswürdigkeiten mit den entsprechenden Übernachtungsmöglichkeiten im Uhrzeigersinn zusammengefasst:

Hoogstraten – **Beginenhof** aus dem 14. Jahrhundert mit einem Gebäudeensemble aus drei Dutzend Häusern und einer kleinen Barockkirche. In unmittelbarer Nähe erhebt sich die **St. Katharinenkirche** mit einem 105 Meter hohen Turm. Dieser ist nur 18 Meter niedriger als der Kirchturm in Antwerpen und gehört zu den höchsten im Land. Wer in Hoogstraten der Straße N14 in Richtung Niederlande folgt, kann im Dorf Meersel-Dreef den nördlichsten Punkt Belgiens besuchen. Mehr als einen Grenzstein gibt es dort zwar nicht zu sehen, kurioserweise befindet er sich aber im Vorgarten eines Privathauses – gleich daneben beginnt die Niederlande.

i Touristinfo Hoogstraten, Vrijheid 149, 2320 Hoogstraten, Tel. +32 3/3401955, www.hoogstraten.be

SP 17 – Wohnmobilstellplatz Brasschaat, Elshoutbaan 15, 2930 Brasschaat (GPS: 51.285491, 4.503176). Kostenloser, einfacher Stellplatz im Wald. Dennoch nicht ruhig, da die viel befahrene Landstraße direkt am Platz vorbeiführt. Für die Zwischenübernachtung auf dem Weg von Antwerpen nach Hoogstraten oder für eine Hunderunde im Wald aber ideal. Strom gegen Gebühr vorhanden.

CP 25 – Camping De Groene Linden, Schotensteenweg 64, 2960 Brecht, www.degroenelinden.be (GPS: 51.328274, 4.603107). Große Campingwiese in Waldrandlage. Ansonsten auch Bungalows. Auf halber Strecke zwischen Antwerpen und Hoogstraten mit guter Anbindung an die nahe gelegene Autobahn.

Turnhout – Trotz der Größe der Stadt, im Verhältnis zu den anderen Ortschaften der Region, sind die Sehenswürdigkeiten in Turnhout eher überschaubar. Zu nennen wäre da natürlich der eher lang gestreckte **Beginenhof** mit seinen kopfsteingepflasterten Straßen. An seinem westlichen Ende erhebt sich die dazugehörige Kirche fast so wie am Kopf eines gedeckten Tischs und gleich daneben lädt das kleine **Begijnhofmuseum** zu einem Rundblick in die Geschichte der Anlage ein (https://begijnhofmuseum.turnhout.be). Zwischen dem Beginenhof und dem Marktplatz, der von der Sint-Pieterskerk dominiert wird, befindet sich das Kulturzentrum **Warande** (www.warande.be), das mit einem vielfältigen Kulturprogramm aufwartet. Gleich daneben erhebt sich das **Schloss der Herzöge von Brabant**. Leider kann das historische Bauwerk aus dem 12. Jahrhundert nicht von innen besichtigt werden, doch auch von außen hinterlässt die Wasserburg einen guten Eindruck und wirkt zwischen den modernen Gebäuden der Innenstadt ein wenig überraschend.

Touristinfo Turnhout, Grote Markt 44, 2300 Turnhout, Tel. +32 14/443355, www.toerismeturnhout.be

CP 26 – Campingplatz Baalse Hei, Roodhuisstraat 10, 2300 Turnhout, www.baalsehei.be (GPS: 51.357767, 4.958596). Große Anlage, die überwiegend aus Dauercampern und Bungalows besteht. Etwas abseits gibt es eine größere Fläche für Wohnmobiltouristen in ruhiger Lage. Allerdings merkt man den völlig veralteten Sanitäranlagen an, dass dieser Bereich eher stiefmütterlich behandelt wird. Mit dem Rad benötigt man eine halbe Stunde bis in das Zentrum von Turnhout.

Herentals – Die Ortschaft Herentals liegt ungefähr 16 Kilometer südlich von Turnhout und besitzt einen lang gestreckten Marktplatz, auf dem sich die **Tuchhallen** befinden. An der Nordseite derselben erhebt sich der 35 Meter hohe **Belfried** mit einem Glockenspiel. Die Tuchhallen (Lakenhal), auch Gewandhaus genannt, stammen aus dem frühen 15. Jahrhundert,

Wie praktisch wenn sich ein Wohnmobilstellplatz direkt am Nationalpark befindet.

während der Belfried fast 200 Jahre später ergänzt wurde. Im Norden der Stadt befindet sich zwar ebenfalls ein Beginenhof, dieser ist jedoch nicht Teil der UNESCO-Welterbeliste. Nordöstlich von Herentals befindet sich das **Bobbejaanland**, ein beliebter Freizeitpark mit mehreren Achterbahnen, Wasserbahnen und weiteren Fahrgeschäften (www.bobbejaanland.be, GPS: 51.200335, 4.903451). Gegründet wurde der Freizeitpark in den frühen 1960er-Jahren eigentlich als fester Auftrittsort für den Schlagersänger Bobbejaan Schoepen. Nach Jahren des internationalen Erfolgs ließ er sich in Kasterlee nieder und veranstaltete dort eigene Shows, in denen auch Größen wie Rudi Carrell und Rex Gildo auftraten. Im Laufe der Zeit wurde daraus der heute sehr gut besuchte und umfangreiche Freizeitpark.

Touristinfo Herentals, Grote Markt 35, 2200 Herentals, Tel. +32 14/219088, www.herentals.be

CP 27 – Camping De Zeven Geitjes, Heiken 37, 2290 Vorselaar, www.dezevengeitjes.be (GPS: 51.190582, 4.791624). Kleiner, einfacher Campingplatz mitten im Wald, rund 15 Fahrradminuten von Herentals entfernt.

SP 18 – Wohnmobilstellplatz Grobbendonk, Vaartkom 1, 2280 Grobbendonk (GPS: 51.189613, 4.735889). Grobbendonk liegt genau zwischen Antwerpen und Herentals. Der Platz ist für die Zwischenübernachtung ideal gelegen, bietet einige wenige Plätze auf einem gewöhnlichen Parkplatz neben der Feuerwehr. Strom, Ver- und Entsorgung sind vorhanden.

CP 28 – Camping Korte Heide,
Olensteenweg 40, 2460 Kasterlee, www.campingkorteheide.be (GPS: 51.200822, 4.900483). Großer, klassischer Campingplatz. Vorwiegend für Dauercamper und Chalet-Bewohner, aber auch mit einem kleinen Flächenanteil für Wohnmobilisten. Ruhige Waldlage, rund um einen kleinen See genau gegenüber vom Freizeitpark Bobbejaanland.

CP 29 – Camping Floreal,
Herentalsesteenweg 64, 2460 Kasterlee, www.florealgroup.be (GPS: 51.212124, 4.902629). Großer Campingplatz in Waldlage, rund 20 Minuten Fußweg zum Bobbejaanland. Überwiegend Chalets, aber ein Plätzchen für Wohnmobile findet sich meist noch irgendwo unter den hohen Baumkronen.

CP 30 – Camping Houtum,
Houtum 39, 2460 Kasterlee, www.campinghoutum.be (GPS: 51.233096, 4.978229). Moderner Campingplatz mit abgeteilten Campingbereichen ohne Schatten. Im Süden von Kasterlee, gut ab Turnhout zu erreichen.

CP 31 – Camping Zilvermeer,
Postelsesteenweg 71, 2400 Mol, www.zilvermeer.be (GPS: 51.219108, 5.180174). Riesige Freizeitanlage in der Seenlandschaft von Mol. Angeboten werden ein Strandbad, Tauchkurse, Festivals, ein großer Campingshop und zahlreiche Sportmöglichkeiten. Der Bereich für Tagestouristen ist im Verhältnis sehr klein, dennoch liegen die Übernachtungspreise in der Hauptsaison deutlich über denen kleinerer Plätze.

Die Lommelse Sahara ist natürlich keine Wüste, sondern besitzt zahlreiche Gewässer.

Die Stadt **Lommel** befindet sich direkt an der Grenze zur Niederlande. Kurz vor der Grenze verläuft der **Bocholt-Herentals-Kanal**, auch Maas-Schelde-Kanal oder Kempener Kanal genannt. Er wurde Mitte des 19. Jahrhunderts fertiggestellt und verläuft an der sogenannten **Lommelser Sahara** entlang. Dieses heutige Naturschutzgebiet (GPS: 51.244401, 5.303951) entstand in etwa zur selben Zeit wie der Kanal durch Sandgewinnung. Damals wurde jedoch nicht auf die Umwelt geachtet und ein Teil der Landschaft entstand nur deshalb, weil die Flora abstarb. Nach dem Zweiten Weltkrieg begann man mit der Renaturalisierung und pflanzte zahlreiche Nadelbäume. Mittlerweile ist es ein beliebtes Naherholungsgebiet mit einer weiten Sand-, Heide- und Waldfläche, durchzogen von mehreren Seen. Auf den Wanderwegen der Lommelser Sahara gelangt man zu dem im Jahr 2015 errichteten Aussichtsturm, der durch seine Optik besonders auffällt. Der Turm, der von oben ein tolles Panorama über die Landschaft ermöglicht, ist von einem Seil umwickelt. Die Gesamtlänge des Seils beläuft sich auf rund dreieinhalb Kilometer.

Einen Turm der besonderen Art bietet auch das Stadtzentrum von Lommel. Der spitz zulaufende, pyramidenförmige Turm besteht aus Glas und kann von innen erklommen werden. Er gehört zum flämischen Museum für **Glaskunst** (www.hetglazenhuis.be), das eine zerbrechliche Ausstellung präsentiert und zudem gläserne Kunst im Museumsshop anbietet.

Der Aussichtsturm ist nur von einem einzigen Seil umwickelt.

Eine Fahrt lohnt auch in den Süden von Lommel. Gibt es bei Ypern die größten deutschen Soldatenfriedhöfe mit Gräbern des Ersten Weltkriegs, so befindet sich in einem Wald der in Westeuropa größte deutsche Soldatenfriedhof des Zweiten Weltkriegs. Über 38.000 gefallene Soldaten zuzüglich über 500 Soldaten aus dem Ersten Weltkrieg liegen hier begraben. Eine riesige Ansammlung an Steinkreuzen, die jeweils für zwei Verstorbene stehen, erinnert an die schrecklichen und unnötigen Kämpfe des letzten Jahrhunderts.

SP 19 – Wohnmobilstellplatz Lommel, Boskantstraat 60, 3920 Lommel (GPS: 51.243111, 5.369158). Kleiner, einfacher Stellplatz am Randes eines Parkplatzes an einem Jachthafen nördlich des Bocholt-Herentals-Kanals. Entlang des Kanals kann man sehr einfach in einer halben Stunde mit dem Fahrrad die Lommelser Sahara erreichen. Strom sowie Ver- und Entsorgung sind vorhanden.

SP 20 – Wohnmobilstellplatz Neerpelt, Jaak Tassetstraat 59, 3910 Pelt (GPS: 51.233519, 5.432534). Acht Stellflächen in ruhiger Lage direkt mit Blick auf den Bocholt-Herentals-Kanal. Strom sowie Ver- und Entsorgung vorhanden.

SP 21 – Wohnmobilstellplatz Opdebosuil, Bosuilstraat 6, 3910 Pelt (GPS: 51.224222, 5.494694). Eingezäunter Platz für rund 30 Wohnmobile auf einer Rasenfläche. Angrenzend an einen Sportplatz und an einem Wald am Rande der kleinen Ortschaft. Zum Kanal sind es zwei Minuten auf dem Fahrrad, zur Lommelser Sahara dann am Kanal entlang noch mal 45 Minuten. Ver- und Entsorgung sowie Strom vorhanden.

SP 22 – Wohnmobilstellplatz Bocholt,
Passantenplein 3950, 3950 Bocholt (GPS: 51.177467, 5.585401). Einfacher Stellplatz für sieben Fahrzeuge mit Strom sowie Ver- und Entsorgung an einem sehr kleinen Jachthafen mit Blick auf den Kanal.

Auch wenn die Niederlande ausgiebig im zweiten Band beschrieben wird, so lohnt sich hier in der Landschaft Kempen dennoch ein weiteres Mal der Blick in das nördliche Nachbarland Belgiens:

SP 23 – Wohnmobilstellplatz Leenderstrijp (NL),
Strijperdijk 13, 5595 XM Leende, www.camperplaatsleenderstrijp.nl (GPS: 51.327027, 5.555560). Einfacher Stellplatz an einem Bauernhof in ruhiger Lage.

SP 24 – Wohnmobilstellplatz Budel (NL), Heikantstraat 16, 6021 RJ Budel (GPS: 51.261632, 5.589792). Privater Stellplatz an einem Hof für 20 Fahrzeuge. Mit Blockhütte inklusive Aufenthaltsraum, Kamin und freundlichem Empfang. Ruhige Lage mit Ver- und Entsorgung sowie Strom.

Auf die Schrecken der Kriege trifft man in Belgien immer wieder.

Belgische Heidelandschaft begeistert auch Insekten.

SP 25 – Wohnmobilstellplatz Weert (NL),
Suffolkweg Zuid 30, 6002 RX Weert, www.camperplaatsweert.nl (GPS: 51.254581, 5.692744).
Rund 30 Wohnmobile passen hier großzügig in den eingezäunten Stellplatz. Der Platz liegt direkt am Zuid-Willemsvaart, einem Kanal, der zum Bocholt-Herentals-Kanal verläuft.

SP 26 – Wohnmobilstellplatz Ittervoort (NL),
Brigittastraat 31, 6014 AT Ittervoort, www.camperplaats-ittervoort.nl (GPS: 51.175592, 5.822401).
Großzügiger Stellplatz an einem Privathaus auf einer Wiese. Grundsätzlich ruhige Lage, nur die Landstraße verläuft direkt am Platz entlang. Lediglich drei Minuten Fahrzeit bis zur belgischen Grenze.

SP 27 – Wohnmobilstellplatz Maaseik, Komweg, 3680 Maaseik (GPS: 51.083772, 5.702940).
Sechs gepflasterte Stellflächen neben einem Sportplatz. Hier steht man jedoch sehr nah nebeneinander.

SP 28 – Wohnmobilstellplatz Meeuwen-Gruitrode,
Ophovenstraat 209, 3670 Meeuwen-Gruitrode GPS: 51.064877, 5.563863).
Äußerst ruhiger Stellplatz an einem Bauernhof mit freundlichem und hilfsbereitem Besitzer. Um den Platz herum gibt es nur das zum Hof gehörende Feld und viel Wald. Der Platz liegt am Rand des nördlichen Teils vom Nationalpark Hoge Kempen. Nicht zu verwechseln mit dem zentralen Bereich des Nationalparks bei Maasmechelen. Bis dahin sind es noch ungefähr zehn Kilometer Luftlinie.

CP 32 – Camping Zavelbos,
Kattebeekstraat 1, 3680 Maaseik (GPS: 51.057815, 5.630145). Klassischer Campingplatz mit einem Mix aus Chalets und Wohnmobilbereich. Ruhige Waldlage am nördlichen Teil des Nationalparks.

SP 29 – Wohnmobilstellplatz National Hoge Kempen Kattevennen,
Kattevennen, 3600 Genk (GPS: 50.957205, 5.532573). Ein Teil des Parkplatzes am Zugangstor Kattevennen des Nationalparks ist für Wohnmobile für eine Nacht erlaubt. Strom vorhanden.

CP 33 – Campingplatz Oostappen Vakantiepark Hengelhoef,
Tulpenstraat 141, 3530 Houthalen-Helchteren, www.vakantieparkhengelhoef.be (GPS: 51.014144, 5.467044). Riesige Camping- und Freizeitanlage mit Supermarkt, eigenem See und Badestrand. Ruhige Lage trotz des sehr guten Anschlusses an die nächste Autobahnausfahrt (Autobahn 2, Ausfahrt Park Midden-Limburg).

CP 34 – Camping Binnenvaart,
Binnenvaartstraat, 3530 Houthalen-Helchteren (GPS: 51.029080, 5.417778). Klassischer Campingplatz an einem kleinen See. Ungewöhnlich sind die großen Solaranlagen, die über den gesamten Platz verteilt sind.

SP 30 – Wohnmobilstellplatz Leopoldsburg,
Antwerpsesteenweg 129, 3970 Leopoldsburg (GPS: 51.129354, 5.249099). Einfacher Stellplatz auf Schotter an einer Marina. Der Stellplatz befindet sich am Ende eines Stichkanals, der zum Bocholt-Herentals-Kanal verläuft. Praktischerweise wird er von einem Radweg begleitet. So kann man ohne Autoverkehr in etwas weniger als eineinhalb Stunden gut 23 Kilometer bis zur Lommelser Sahara zurücklegen – nur an den beiden Kanälen entlang.

SP 31 – Wohnmobilstellplatz Bilzen,
Lanakerdij, 3740 Bilzen (GPS: 50.869955, 5.522560). Einfacher Stellplatz für drei Fahrzeuge auf einem kleinen asphaltierten Parkplatz in einer Wohnsiedlung am Rande der touristisch eher unbedeutenden Kleinstadt.

SP 32 – Wohnmobilstellplatz Diepenbeek,
Stationsstraat, 3590 Diepenbeek (GPS: 50.913761, 5.422616). Einfacher, kommunaler Stellplatz zwischen einer Schule und einer Hauptverkehrsstraße. Strom und Wasser vorhanden.

SP 33 – Wohnmobilstellplatz Nolleke's Winning,
Schalkhovenstraat 80, 3732 Hoeselt, www.nollekes-winning.be (GPS: 50.845371, 5.446798). Privater Stellplatz an einem B&B auf einer Fläche für knapp 30 Fahrzeuge hinter dem Haus.

Ambiorix ist ein Gallier und blickt als Statue auf die Basilika in Tongeren.

KLEINE ORTSCHAFTEN MIT BEDEUTENDER KULTUR UND LANGER GESCHICHTE

Tongeren gilt als die älteste Stadt Belgiens. Schon die Römer siedelten hier und bauten ihre damalige Via Belgica. Diese Römerstraße verlief von Köln nach Frankreich, an der Siedlung Aduatuca Tungrorum vorbei, aus der sich später die heutige Stadt Tongeren entwickelte. Von der einstigen, über vier Kilometer langen Stadtmauer ist heute noch ein kleiner Teil vorhanden. Doch vielmehr wird man als Besucher der Stadt sein Augenmerk auf das **Gallo-Römische-Museum** (www.galloromeinsmuseum.be) richten wollen, das mit einer umfangreichen und interessanten Ausstellung über die damalige Zeit informiert. Im Jahr 2011 wurde es zum „Europäischen Museum des Jahres" gekürt. Damit reiht es sich in die Reihe namhafter anderer Museen ein, wie zum Beispiel das Olympische Museum in Lausanne oder das Guggenheim-Museum im spanischen Bilbao.

Darüber hinaus bietet Tongeren wieder zwei Stätten des **Weltkulturerbes**. Am Südrand der Altstadt befindet sich der **Beginenhof,** während im Zentrum der mächtige **Kirchturm** der Liebfrauenkirche in die Höhe ragt.

Er ist Teil der unter Schutz stehenden Belfriede. Unabhängig vom Status des Turms gehört aber auch die Kirche an sich zu den bedeutenden Gotteshäusern des Landes. Die dreischiffige Basilika wurde nach rund drei Jahrhunderten Bauzeit Mitte des 16. Jahrhunderts fertiggestellt. Im Inneren der gotischen Kirche lassen sich zahlreiche Kirchenschätze von hohem Wert besichtigen. Gleich gegenüber der Kirche erhebt sich auf dem Marktplatz das Standbild von **Ambiorix**. Fühlt man sich bei dem Namen ein wenig an gewisse Gallier aus dem Norden Frankreichs erinnert, liegt man nicht ganz so falsch. Zumindest stimmt die Epoche, in der Ambiorix lebte, ebenso wie die Taten, die er vollbrachte. Er war Doppelkönig der Eburonen, einem Stamm der Kelten und lehnte sich um 54 vor Christus gegen die Römer auf. Dabei bescherte Ambiorix Julius Caesar eine bedeutende Niederlage innerhalb Galliens.

i Touristinfo Tongeren,
Via Julianus 2,
3700 Tongeren,
Tel. +32 12/800070,
www.toerismetongeren.be

Der Blick dieses Wasserspeiers täuscht. Tongeren ist gastfreundlich.

SP 34 – Wohnmobilstellplatz Tongeren, Fonteindreef, 3700 Tongeren (GPS: 50.786341, 5.452223). Großer Stellplatz für circa 40 Fahrzeuge, an einem Freibad und einem Freizeitgelände im Nordwesten der Stadt gelegen. Bis ins Zentrum spaziert man rund eine Viertelstunde. Strom sowie Ver- und Entsorgung vorhanden.

SP 35 – Wohnmobilstellplatz Hoepertingen, De verborgen parel, Hoenshovenstraat 5, 3840 Borgloon, www.deverborgenparel.be (GPS: 50.802122, 5.290002). Ungefähr auf halber Strecke zwischen Tongeren und Sint-Truiden befindet sich südlich der Verbindungsstraße N79 dieses zu einem Hotel umgebaute Bauernhofgebäude. Im hinteren Bereich kann man ruhig übernachten. Strom, Ver- und Entsorgung vorhanden.

Wie schon in Tongeren hat auch die Kleinstadt **Sint-Truiden** zwei Weltkulturerbe vorzuweisen: Beginenhof und Belfried. Der Beginenhof kann zwar in seiner Geschichte bis in das 13. Jahrhundert zurückblicken, doch die heute noch vorhandenen Häuser sind jüngeren Datums und stammen überwiegend aus dem 17. und 18. Jahrhundert. Der Belfried befindet sich in diesem Fall nicht an der Kirche, sondern gehört zum frei stehenden Rathaus auf dem Großen Markt vor der Liebfrauenkirche.

Touristinfo Sint-Truiden,
Oud stadhuis,
Grote Markt 3800,
3800 Sint-Truiden,
Tel. +32 11/701818,
www.toerisme-sint-truiden.be

Vom Stellplatz in Tongeren erreicht man die Altstadt gut zu Fuß.

Nördlich von Sint-Truiden kann man die Hauptstadt der Provinz Limburg in einer guten 20-minütigen Fahrt erreichen. Zu sehen gibt es in **Hasselt** eine kleine Altstadt mit der Sint-Quintinus-Kathedrale aus dem 16. Jahrhundert und den Großen Markt mit einigen schönen Fassaden. Besonders das Haus **Het Sweert** fällt nicht nur in der Stadt, sondern in der gesamten Region durch seine Fachwerkarchitektur ein wenig aus dem Rahmen.

Touristinfo Hasselt,
Maastrichterstraat 59,
3500 Hasselt,
Tel. +32 11/239540,
www.visithasselt.be

Westlich von Sint-Truiden befindet sich wiederum die kleine Ortschaft **Zoutleeuw**. Man würde ihr wohl kaum Beachtung schenken, wenn dort im wirklich überschaubaren Zentrum nicht die **Sint-Leonarduskirche** stehen würde, und sie nicht einen Turm besäße, der zu den Belfrieden der Region gehört und damit zum Weltkulturerbe zählt.

Westlich von Hasselt erreicht man zudem die Kleinstadt Herk-de-Stad, die kaum über die Landesgrenzen hinaus bekannt ist. Aber auch sie besitzt eines der flämischen Welterbestätten. In diesem Fall ist es kein Belfried, sondern ein Beginenhof.

SP 36 – Wohnmobilstellplatz Herk-de-Stad,
Pikkeleerstraat, 3540 Herk-de-Stad (GPS: 50.934107, 5.166180).
Auf dem Weg von Hasselt nach Diest kommt man durch diesen kleinen Ort, der wenige Stellflächen an einem bewaldeten Parkplatz neben einer Sportanlage bereithält. Strom sowie Ver- und Entsorgung vorhanden, Toilette nur tagsüber nutzbar.

EIN WELTKULTURERBE FOLGT DEM NÄCHSTEN

Leuven, auf Deutsch: Löwen, ist wieder eine Stadt, die gleich zwei Welterbestätten vorzuweisen hat. Mitten im Zentrum erhebt sich die gotische **Sint Pieterskirche** aus dem 15. Jahrhundert. Der unvollendet wirkende Turm an der Westfassade ist auf der Welterbeliste eingetragen. So unvollendet wie er wirkt, ist er eigentlich auch. Denn ursprünglich waren drei Türme für den Kirchenbau vorgesehen, einer sollte sogar die Höhe von 150 Metern erreichen, die anderen beiden waren für eine Höhe von 120 Metern vorgesehen. Zum Vergleich: Es gibt weltweit nur vier Kirchtürme, die höher sind. Das Ulmer Münster also höchste Kirche der Welt ragt 161 Meter in die Höhe, der Kölner Dom kann immerhin 157 Meter vorweisen. Doch man verwarf die Pläne, nachdem einer der unvollendeten Türme eingestürzt war.

Ein gemütlicher Altstadtbummel ist auch in Leuven möglich.

Das zweite Weltkulturerbe der Stadt ist, man ahnt es schon, ein **Beginenhof** aus dem frühen 13. Jahrhundert. Er befindet sich im Süden der Altstadt und zeigt sich mit engen, kopfsteingepflasterten Gassen zwischen kleinen Wohnhäusern aus Ziegelstein.

Doch beinahe beeindruckender als die Kirche und der Beginenhof ist das **Alte Rathaus** aus dem 15. Jahrhundert. Es wurde im Stil der Gotik errichtet und befindet sich am Großen Markt, gleich gegenüber der Sint Pieterskirche. Die Vielzahl an Skulpturen, die in der hellen und detailreich ausgeschmückten Fassade zu sehen sind, machten das Rathaus berühmt und zu einem der schönsten Europas. Und wenn man schon zwischen Kirche und Rathaus steht und die Fassaden bewundert, sollte man einen Blick auf das Gebäude namens **Tafelrond** werfen. Auch dieses einstige Gildenhaus präsentiert sich mit einer schmucken Fassade, jedoch handelt es sich nicht um das originale Gebäude aus dem Ende des 15. Jahrhunderts, sondern um einen Nachbau aus den Zwischenkriegsjahren des letzten Jahrhunderts. Das Original war bereits 1818 wegen Verfall abgerissen worden.

Auch in Leuven hat der Erste Weltkrieg starke Spuren hinterlassen. Im August des Jahres 1914 wurden große Teile der Stadt von der deutschen Armee in Brand gesteckt und etliche Kriegsgräuel begangen. Beinahe der gesamte Stadtkern fiel den Flammen zum Opfer, nur das Rathaus hat den Brand weitgehend unbeschadet überstanden. Komplett zerstört wurde auch die **Universitätsbibliothek** mit ihren zahlreichen Kulturgütern. Dazu zählten mehrere Hunderttausend Bücher, sogenannte Inkunabeln aus dem 15. Jahrhundert und viele historische Handschriften. Das Gebäude wurde mithilfe der US-Regierung wieder aufgebaut und am 4. Juli 1929, am Tag der amerikanischen Unabhängigkeit, wieder eröffnet. Nur zwölf Jahre später marschierten die Deutschen erneut in Belgien ein. Fast eine Million Bücher verbrannten im Jahr 1940, als das Gebäude wiederum zerstört wurde. Den originalgetreuen und sehenswerten Neubau kann man am Monseigneur Ladeuzeplein im Osten der Altstadt erkunden. Auf der anderen Seite der Altstadt besteht hingegen die Möglichkeit, den ältesten botanischen Garten Belgiens zu erkunden. Er wurde bereits in der ersten Hälfte des 18. Jahrhunderts angelegt und beherbergt neben zahlreichen Gehölzen einen umfassenden Gewächshauskomplex.

Touristinfo Leuven,
Naamsestraat 3, 3000 Leuven,
Tel. +32 16/203020,
www.visitleuven.be

SP 37 – Wohnmobilstellplatz Leuven, Eénmeilaan, 3010 Leuven (GPS: 50.896239, 4.716790). Acht eingezäunte Stellflächen hinter einer Schranke. Direkt neben einer Straße, auf der anderen Seite aber eine Grünanlage. Mit wenigen Schritten ist man an einem See. Bis zum Rathaus von Leuven benötigt man etwas mehr als eine halbe Stunde zu Fuß.

Mit seinen zahlreichen Skulpturen ist das Rathaus von Leuven ein Muss.

Ein Straßencafé folgt dem nächsten. Hier zum Beispiel in Mechelen.

WEITERE SEHENSWERTE STÄDTE KURZ VOR BRÜSSEL

Mit Leuven haben wir die große Runde durch die Landschaft Kempen eigentlich beendet. Doch bevor wir uns nun Brüssel zuwenden, wären da noch zwei Ortschaften vorzustellen, die sich zwischen Antwerpen und Brüssel befinden. Oder anders gesagt: Wer auf die große Runde durch Kempen verzichtet und von Antwerpen lieber den direkten Weg nach Brüssel wählt, der sollte wenigstens in Lier und Mechelen einmal kurz Station machen.

Lier liegt südöstlich von Antwerpen und bietet eine überschaubare, aber sehenswerte Altstadt. Das Zentrum wird wie üblich vom **Großen Markt** beherrscht, auf dem sich das Rathaus befindet. Es wurde im Rokokostil errichtet und besitzt einen 42 Meter hohen **Glockenturm**. Es ist kaum notwendig zu erwähnen, dass dieser zu den geschützten Belfrieden der Region gehört. Auch ein Beginenhof, selbstverständlich ebenfalls auf der UNESCO-Welterbeliste, befindet sich in Lier. Er erstreckt sich im Süden der Altstadt und besteht neben der obligatorischen Kapelle aus mehr als 160 Gebäuden. Damit ist er einer der größten Beginenhöfe.

Touristinfo Lier,
Grote Markt 58, 2500 Lier,
Tel. +32 3/8000555,
www.toerismelier.be

SP 38 – Wohnmobilstellplatz Sint-Katelijne-Waver, Voorland 1, 2860 Sint-Katelijne-Waver (GPS: 51.068068, 4.536383). Kleiner kommunaler Stellplatz für vier Fahrzeuge, neben dem Gemeindehaus gelegen. Strom sowie Ver- und Entsorgung vorhanden, der Ort befindet sich ungefähr auf halber Strecke zwischen Lier und Mechelen.

Auch die Altstadt von **Mechelen** ist einen ausgedehnten Besuch wert. Im Mittelpunkt steht natürlich auch hier wieder der Grote Markt, von dem mehrere Gassen und Straßen abzweigen. Es ist beinahe schon selbstverständlich, dass auch Mechelen mit Belfried und Beginenhof auf der Liste des UNESCO-Welterbes vertreten ist. Allerdings, so könnte man beinahe sagen, sogar doppelt. Denn es gibt gleich zwei Beginenhöfe, einmal den **Großen Beginenhof** aus dem 13. Jahrhundert mit kleinen Gassen im Nordwesten der Altstadt und den **Kleinen Beginenhof** ganz in der Nähe, mehr im nördlichen Teil der Altstadt gelegen.

Aber auch mit **Belfrieden**, die auf der UNESCO-Liste verzeichnet sind, darf sich Mechelen gleich zweimal schmücken. Zugegeben, eher mit eineinhalb. Denn einer dieser beiden ist nie fertiggestellt worden. Er stammt aus dem 14. Jahrhundert und gehört zur ehemaligen **Tuchhalle** am Gebäudekomplex an der Ostseite des Großen Markts. Dort befindet sich die sehenswerte Fassade des zweiflügeligen Rathauses. Der rechte

Was für ein Wegweiser in der Altstadt von Mechelen.

Die Kathedrale von Mechelen erhebt sich imposant hinter den Häusern am Marktplatz.

Rathausflügel diente als Tuchhalle, während der linke Flügel als Palast des Großen Rates vorgesehen war. Dieser wurde zunächst aus Kostengründen nicht fertiggestellt. Erst 400 Jahre nach Einstellung der Baumaßnahmen baute man im 20. Jahrhundert das Bauwerk zu Ende.

Im Gegensatz zu diesem Belfried ist der zweite deutlich sichtbarer. Er ist fast 100 Meter hoch und dominiert mit seiner Größe nicht nur die Altstadt, sondern vor allen Dingen die **Sint-Rombouts-Kathedrale,** zu der er gehört. Das mächtige Kirchengebäude erhebt sich stolz und beinahe schützend hinter den klein wirkenden Häusern am Marktplatz. Auch dieser Turm gilt eigentlich als unvollendet. Im Inneren der gotischen Kathedrale sind zahlreiche wertvolle Kunstwerke zu sehen, unter anderem ein Altar des flämischen Meisters van Dyck. Genau zwischen Rathaus und Kirche zweigt am Großen Markt eine weitere Fußgängerzone nach Süden ab. Dort spaziert man am Schepenhuis, dem alten Schöffenhaus vorbei auf einen weiteren lang gestreckten Platz. Hier wird man, genau wie auf dem Großen Markt ebenfalls fündig, wenn man ein gemütliches Straßencafé sucht oder ein wenig durch die

Geschäfte stöbern möchte. Etwas moderner wirkt hingegen die Einkaufsstraße Bruul, die direkt am Rathaus abzweigt und in der man ebenfalls alle denkbaren Einkaufsmöglichkeiten hat.

Touristinfo Mechelen,
Vleeshouwersstraat 6,
2800 Mechelen, Tel. +32 70/220008,
https://visit.mechelen.be

IN DER HAUPTSTADT DER EUROPÄISCHEN UNION

Mit dem Erreichen von **Brüssel** verlassen wir flämisches Territorium. Brüssel-Hauptstadt ist neben Flandern und der Wallonie die dritte Region Belgiens. Sie liegt komplett in Flandern, ist aber nur wenige Kilometer von der Wallonie entfernt. Insgesamt besteht das Gebiet Brüssel-Hauptstadt aus 19 verschiedenen Gemeinden, von denen die eigentliche Stadt Brüssel nur eine ist. Die Stadt selbst hat zwar nur 180.000 Einwohner, aber in der gesamten Region leben mehr als 1,2 Millionen Menschen. Da die Ortschaften ineinander übergehen, sehen wir als Besucher diese Agglomeration als Ganzes, als Metropole – auch wenn es auf dem Papier eigentlich nicht so ist. Zu den Wahrzeichen Brüssels gehört zweifellos das berühmte **Atomium** (www.atomium.be). Dieses ungewöhnliche Bauwerk wurde für die Weltausstellung 1958 aufgestellt und besteht aus neun großen Kugeln, die jeweils ein Atom darstellen sollen – allerdings in 165-milliardenfacher Vergrößerung. Die Kugeln haben einen Durchmesser von 18 Metern und sind durch drei Meter lange

Der Klassiker in Brüssel befindet sich weit außerhalb der Altstadt.

Rohre untereinander verbunden. Insgesamt kommt das Atomium auf eine Höhe von knapp über 100 Metern. Durch Treppen und Rolltreppen gelangt man in das oberste Atom, in dem ein Restaurant untergebracht ist.

Das Atomium befindet sich nicht im Stadtzentrum, sondern etwas außerhalb im Nordwesten von Brüssel. Theoretisch könnte man hier also sehr einfach mit dem Wohnmobil anreisen, doch die umliegenden Parkplätze besitzen eine Höhenbegrenzung. Mit etwas Glück erhält man vielleicht einen der kostenpflichtigen Plätze auf dem Parkstreifen am **Boulevard du Centenaire** (GPS: 50.896445, 4.339949). Empfehlenswerter ist es ohnehin, das Wohnmobil auf dem Campingplatz abzustellen und sich der Stadt mit den öffentlichen Verkehrsmitteln zu nähern. Dann bleibt auch noch Zeit, das **Mini-Europe** gleich neben dem Atomium zu besichtigen (www.minieurope.com). Zahlreiche berühmte Bauwerke Europas wurden hier in Miniaturform nachgebaut und können bei einem kleinen Rundgang durch Mini-Europe besichtigt werden.

Nur 300 Meter vom Atomium und dem Mini-Europe entfernt, befindet sich das **König-Baudouin-Stadion.** Es ersetzte Mitte der 1990er-Jahre das Heysel-Stadion, das am 29. Mai 1985 weltweit traurige Berühmtheit erlangte. Beim Endspiel des Europapokals der Landesmeister (heute UEFA Champions League) trafen der FC Liverpool und Juventus Turin aufeinander. Britische Fußballfans stürmten einen eigentlich neutralen, angrenzenden Fanblock, der jedoch durch Korruption überwiegend von italienischen Fans besetzt war. Letztere flüchteten in Panik und wurden dabei von der Menschenmasse gegen eine brüchige Betonwand gedrückt. Diese stürzte ein. Über 450 Menschen wurden bei der sogenannten Katastrophe von Heysel, die live im Fernsehen übertragen wurde, verletzt; 39 Menschen kamen ums Leben. Links neben dem Haupteingang erinnert eine Tafel an die tragischen Ereignisse.

Die klassischen Sehenswürdigkeiten Brüssels befinden sich hingegen in der Altstadt, die vom **Grand Place** dominiert wird. Der Platz wird gerne als einer der schönsten Plätze Europas bezeichnet. Er ist komplett von Häusern umgeben, die ihm mit fast ausschließlich barocker Fassade zu einem schmucken Platz verhelfen. Das **Rathaus** an der Südwestseite des Grand Places trägt Gotik und ist in besonderem Maße ebenfalls eindrucksvoll. Es wurde zu Beginn des 15. Jahrhunderts errichtet und überragt mit seinem Belfried den Platz. Der Turm zählt nicht zu den Belfrieden, die als Weltkulturerbe

Reich verzierte Fassaden am Großen Markt in Brüssel.

gelistet sind. Denn in diesem Fall ist es der gesamte Platz inklusive Gebäudeensemble, der 1998 als schutzwürdig auf die UNESCO-Liste gesetzt wurde. Besonders schön präsentiert sich der Grand Place sowohl mit dem Blumenmarkt als auch in abendlicher Beleuchtung. Und der alle zwei Jahre stattfindende Blumenteppich ist ebenfalls nicht zu verachten. Der Platz wird in jedem Zustand immer wieder gern von zahlreichen Besuchern besichtigt und ist somit der lebhafte Mittelpunkt Brüssels. Zu den herausragenden Bauwerken gehören neben dem Rathaus das gegenüberliegende **Maison du Roi bzw. das Broodhuis.** Das Gebäude, im Stil der Neorenaissance errichtet, beherbergt das Stadtmuseum (www.brusselscitymuseum.brussels). Hier erhält man nicht nur wesentliche und umfangreiche Einblicke in die Geschichte der Stadt, sondern bekommt auch die Kleidung von Manneken Pis zu sehen. Die weiteren Gebäude werden als Zunfthäuser bezeichnet, die oftmals mit einer schmalen Kulisse auskommen. Wenn es nicht gerade Privathäuser sind, dann findet man hier die Zunfthäuser der Krämer, der Flussschiffer, der Bäcker, der Zimmerer, Gerber, Schneider und vieler weiterer Handwerksberufe.

MIT SCHOKOLADE UND WAFFELN IN DER HAND DURCH DIE ALTSTADT

In der Brüsseler Altstadt befinden sich darüber hinaus jede Menge Skulpturen und Statuen. Eine zeigt zum Beispiel neben dem Rathaus den Freiheitskämpfer Everard t'Serclaes, der im 14. Jahrhundert dafür kämpfte, Brüssel von der Herrschaft Flanderns zu befreien.

Doch die wohl bekannteste Skulptur Brüssels ist **Manneken Pis**. Sie, oder besser gesagt er, steht an der Kreuzung der Rue du Chêne und der Rue de l'Etuve und damit nur drei Blocks vom Grand Place entfernt. Man könnte die kleine Figur schnell übersehen, doch die übliche Menschentraube vor Manneken Pis sorgt schon dafür, dass man nicht einfach an ihr vorübergeht. Die Figur ist rund 61 Zentimeter hoch und wurde im frühen 17. Jahrhundert geschaffen. Heute betrachtet man eine Kopie aus dem letzten Jahrhundert. Zu bestimmten Anlässen wird Manneken Pis entsprechend eingekleidet, und es existieren mittlerweile mehr als 900 verschiedene Kostüme, die man – wie weiter oben erwähnt – im Stadtmuseum betrachten kann. Das weibliche Gegenstück Jeanneke Pis existiert seit dem Ende des letzten Jahrhunderts und befindet sich in der kleinen Gasse Impasse de la Fidelité nördlich des Grand Place. Die Skulptur eines urinierenden Hundes gibt es übrigens auch. Der Rüde steht etwas außerhalb des Altstadtrummels an der Kreuzung Rue des Chartreux und Rue du Vieux Marché aux Grains.

Auf dem Weg vom Grand Place zum Manneken Pis durchquert man die Rue de l'Etuve. Auf der rechten Seite sieht man ein hohes

Belgische Waffeln sind in jedem Ort ein Genuss.

In diesem ebenfalls beeindruckenden Palast ist das Museum der Schönen Künste untergebracht.

Wandgemälde mit einem Bild von Tim und Struppi. Die beiden Comichelden stammen aus der Feder des belgischen Comiczeichners Hergé und sind weit über die Grenzen Belgiens hinaus bekannt. Überhaupt gibt es in dem Gewusel der Gassen jede Menge zu entdecken. In erster Linie natürlich die berühmten belgischen Waffeln und nicht zu vergessen die belgische Schokolade. Gleich gegenüber von Manneken Pis befindet sich zum Beispiel eine Chocolaterie des Premiumherstellers **Godiva**. Welchen Stellenwert dieses im Jahr 1926 in Brüssel gegründete Unternehmen besitzt, belegt die Tatsache, dass sich auf dem luxuriösen Transatlantikliner Queen Mary 2 ebenfalls eine Godiva-Filiale befindet.

Östlich des Grand Place gelangt man in wenigen Augenblicken zum Hauptbahnhof Bruxelles-Central. Gleich hinter dem Bahnhofsviertel erstreckt sich der **Warandepark**, der auch als Königlicher Park bezeichnet wird. Einst diente die Parkanlage zum Jagdvergnügen der Herzöge von Brabant. Heute ist er öffentlich zugänglich und von einigen imposanten Bauwerken umgeben. Das bedeutendste ist zweifellos der **Königliche Palast** aus der ersten Hälfte des 19. Jahrhunderts.

Wo man auch hinschaut, am Königlichen Palast gibt es immer etwas zu entdecken.

Er wurde an der Stelle errichtet, an der sich einst eine Hofburg befand. Von der Königsfamilie wurde der Palast nur unter Leopold I. und Leopold II. genutzt. Leopold III. zog mit seiner Familie in das Schloss Laeken, nahe des Atomiums gelegen. Noch heute wird das Schloss von der Königsfamilie genutzt.

Noch weiter östlich befindet sich mit dem **Jubelpark** bzw. dem **Parc du Cinquantenaire** eine weitere Grünanlage. Diese grüne Lunge Brüssels wird für Spaziergänge und zur sportlichen Erholung genutzt. Sehenswert ist der Park jedoch auch wegen dem imposanten Triumphbogen, der den östlichen Eingang zum Park markiert. Er besteht aus drei Bögen und wird von einer Quadriga gekrönt. An beiden Seiten des Triumphbogens wird er von großen Ausstellungshallen flankiert. Im nördlichen Teil ist das **Königliche Militärmuseum** (www.klm-mra.be) untergebracht, während im südlichen Flügel eine **Oldtimersammlung** mit legendären Fahrzeugen (www.autoworld.be) zu sehen ist. Gleich daneben lädt das **Museum der Kunstgeschichte** (www.artandhistory.museum) zu einem Rundgang ein.

Museal geht es auch am Warandepark bzw. neben dem Königlichen Schloss zu. Nicht nur bei schlechtem Wetter lohnen sich Besuche im **Musikinstrumentenmuseum** (www.mim.be) oder im **Magritte-Museum** (www.musee-magritte-museum.be). Letzteres befasst sich mit der surrealistischen Kunst des belgischen Malers René Magritte. Die Ausstellung ist Teil des gleich nebenan liegenden **Königlichen Museums der Schönen Künste** (www.fine-arts-museum.be). Sie alle befinden sich rund um den Place Royale oder auf Niederländisch: Koningsplein. Folgt man hier der Straße südwärts, so gelangt man zum ebenfalls beeindruckenden Justizpalast, der in der zweiten Hälfte des 19. Jahrhunderts errichtet wurde und damals als das größte Gerichtsgebäude galt.

Nicht vergessen sollte man bei einem Rundgang durch Brüssel die sakralen Sehenswürdigkeiten. An vorderster Stelle steht die **Kathedrale St. Michael und St. Gudula.** Sie erhebt sich mit ihrer doppeltürmigen Fassade nördlich des Bahnhofs und wurde Ende des 15. Jahrhunderts nach 300-jähriger Bauzeit fertiggestellt. Sie ist die Nationalkirche Belgiens und Ort königlicher Trauungen sowie für Staatsbegräbnisse.

Von der Kirche aus ist es nur ein Katzensprung bis zu einem weiteren Museum, das man sich in Belgien nicht entgehen lassen sollte. Trotz der Thematik richtet es sich weniger an das junge Publikum. Die Rede ist vom **Comic-Museum** (www.comicscenter.be) in der Rue des Sables. Natürlich geht es hier um die belgischen Comics wie Tim und Struppi oder Lucky Luke.

Bei einem Besuch Brüssels kommt man nicht umhin, sich auch mit Politik zu befassen. Das sogenannte **Europa-Viertel** mit den bedeutenden Institutionen der Europäischen Union befindet sich zwischen dem Warande-Park und dem Jubelpark. Besonders auffällig ist dort am Robert-Schumann-Kreisverkehr das aus den 1960er-Jahren stammende Berlaymont-Gebäude. Es dient als Sitz der Europäischen Kommission.

i Touristinfo Brüssel,
Rue Royale 2,
1000 Bruxelles,
Tel. +32 2/5138940,
www.visit.brussels

CP 35 – Camping Grimbergen,
Veldkantstraat 64, 1850 Grimbergen,
www.camping-grimbergen.webs.com
(GPS: 50.934765, 4.382108).
Einfacher, relativ kleiner Stellplatz weit außerhalb von Brüssel. Eine Bushaltestelle befindet sich in der Nähe. Von dort benötigt man rund eine Dreiviertelstunde in die Stadt.

CP 36 – 3CB Camping Caravaning Club Brussels,
Warandeberg 52,
1970 Wezembeek-Oppem,
www.campingbrussels.be
(GPS: 50.857363, 4.483210).
Sehr einfacher und in die Jahre gekommener Campingplatz im Osten von Brüssel. Direkt in der Einflugschneise des Flughafens mit nächtlichem Fluglärm.

Schmucke Dörfer prägen die naturreiche Landschaft der Wallonie.

3. Die Wallonie – Es wird hügelig

In der Wallonie lernen wir die bergige Landschaft Belgiens kennen, und auch ohne Anschluss an die Küste werden wir viel Wasser genießen können. Die wallonische Landschaft steht ganz im Zeichen der Maas und ihrer Zuflüsse. Entlang von Sambre und Maas bereisen wir zunächst einige namhafte Städte wie Charleroi, Namur und Liège bzw. Lüttich. Südlich davon sind wir anschließend in den Ardennen unterwegs und lernen dort weitere Gewässer kennen. Zu nennen wären die Flüsse Ourthe, Semois und Lesse. Manche von ihnen tauchen sogar ab und sind Teil eines Höhlensystems. Das bringt uns auf die Idee, es ihnen gleichzutun und ebenfalls einige der Höhlen in den Ardennen zu besichtigen. Eine sogar mithilfe eines Bootes. Ein Höhepunkt der Reise durch die Wallonie, im wahrsten Sinne des Wortes, ist das Hohe Venn mit seinen vielfältigen Wandermöglichkeiten. Die dortigen Hochmoore rund um den höchsten Berg Belgiens sind eine raue Schönheit und bieten fantastische Fernblicke. Und wer zum Abschluss sein Fahrrad auf dem Womo-Gepäckträger mit sich führt, der kann ins benachbarte Deutschland radeln und dennoch in Belgien bleiben. Warum das so ist, wird auf der nun folgenden Reise durch die Wallonie erklärt.

Auf Holzstegen wandert man häufig im Hohen Venn.

Die **Wallonie** ist nach Flandern und Brüssel-Hauptstadt die dritte Region Belgiens. Hier wird nun überwiegend Französisch gesprochen. Nur im äußersten Osten, rund um Eupen, verständigt man sich auch auf Deutsch. Die Hauptstadt der wallonischen Region ist die zentral gelegene Ortschaft Namur. Die größte Stadt befindet sich jedoch etwas weiter westlich und ist Charleroi. Die Wallonie bildet den südlichsten Teil Belgiens und lässt sich landschaftlich in zwei Bereiche aufteilen, die durch den Fluss Maas voneinander getrennt sind. Der Bereich nördlich der Maas ist eher flach und von Landwirtschaft geprägt, während die Landschaft weiter südlich ansteigt und mit einigen bewaldeten Hügeln und Bergen beeindruckt. Im Naturpark Hohes Venn-Eifel, ganz im Osten des Landes, erhebt sich mit fast 700 Metern Höhe der höchste Punkt Belgiens und sogar von ganz Benelux.

Beginnen wir unsere Reise durch die Wallonie jedoch ganz im Westen, nahe der französischen Grenze und südlich vom flämischen Kortrijk. Dort befindet sich die Stadt **Tournai**, die mit ihrem mittelalterlichen Stadtkern glänzt. Sie führt das fort, was wir bereits in der flämischen Region zuhauf erlebt haben. Tournai steht nämlich auf der Liste der UNESCO-Welterbestätten und das wiederum gleich zweimal.

Zahlreiche Flüsse und Bäche durchziehen die hügelige Landschaft im Süden Belgiens.

MIT DEM WOHNMOBIL DURCH DIE WALLONIE

Einen offiziellen, stadtnahen Wohnmobilstellplatz hat die kleine Stadt leider nicht im Angebot. Doch üblicherweise stellen Wohnmobilisten ihr Fahrzeug auf dem etwas heruntergekommen wirkenden Parkplatz an den Freizeitanlagen im Westen der Stadt ab (GPS: 50.604217, 3.381598). Von dort sind es durch die Rue Jean Noté keine zehn Minuten Fußweg und schon steht man auf dem Grand Place. Nach dem Besuch der großen Städte Gent, Antwerpen und Brüssel mit der dort für Wohnmobile vorhandenen Parkplatzproblematik, wie im vorherigen Kapitel bereits beschrieben, ist es wahrlich angenehm, sich nun mit überschaubareren Städten zu befassen. Dabei steht Tournai den größeren Städten in Sachen Schönheit in nichts nach. Es ist halt nur kompakter. Auf dem dreieckigen **Grand Place** ist man von schmucken Hausfassaden umgeben, und gleich in welche Richtung man schaut, man erblickt immer irgendeinen Turm. An der breiten Nordwestseite des Platzes erhebt sich zum Beispiel die aus dem 12. Jahrhundert stammende **Kirche St. Quentin**, die mit ihren beiden vorderen Rundtürmen beinahe schon wehrhaft wirkt.

Auf der gegenüberliegenden Seite des Platzes, dort wo der Grand

Blick über den Grand Place in Tournai zur Basilika mit ihren vielen Türmen und zum Belfried.

Warum nicht einfach mal gemütlich am Ufer der Schelde flanieren?

Place spitz zuläuft, erheben sich deutlich sichtbar die Türme der Kathedrale Notre-Dame und der frei stehende **Belfried**. Der Belfried gilt als der älteste seiner Art in Belgien und wurde bereits im frühen 13. Jahrhundert fertiggestellt. Kein Wunder also, dass er zu den 33 Türmen zählt, die von der UNESCO seit 1999 als schützenswert erachtet werden. Ein Jahr später folgte als eigenständiger Eintrag in die Welterbeliste die benachbarte Kathedrale. Das Besondere an diesem frühgotischen Bauwerk bemerkt man am ehesten aus der Ferne. Denn dann kommen die fünf Türme der Kirche besonders gut zur Geltung. Der mittlere Turm befindet sich

Die Pont des Trous bevor man ihre Bögen entfernte.

als Vierungsturm zentral oberhalb des Kirchenschiffs. Er wird von vier gleichartigen Türmen umgeben. Dafür existiert kein Turm an der Frontfassade.

Am Nordrand der Altstadt fließt die **Schelde**, die bis zum Sommer 2019 auch ein sehenswertes Bauwerk beherbergte. Die **Pont des Trous** überspannt den Fluss als dreibogige Brücke bereits seit dem 13. Jahrhundert. Doch um den Fluss schiffbarer zu machen, beschloss man gegen starken Widerstand, die drei Bögen zu entfernen. Geblieben sind nur die beiden mächtigen Rundtürme an jedem Ufer, die die Brückenköpfe bilden. Geplant ist, mit den historischen Steinen eine neue Brücke zu schaffen, die nur aus einem Bogen besteht. Doch ob diese Herausforderung tatsächlich durchgeführt wird, bleibt abzuwarten.

Touristinfo Tournai,
Place Paul-Emile Janson 1,
7500 Tournai, Tel. +32 69/222045,
www.visittournai.be

CP 37 – Camping de Tournai,
Rue Jean-Baptiste Moens 8, 7500 Tournai (GPS: 50.599856, 3.413423). Einfacher, klassischer Campingplatz am östlichen Rand der Stadt. Großzügig mit Hecken abgetrennte Parzellen. Gleich nebenan ein Schwimmbad und ein See. Zum Grand Place ist es eine halbe Stunde zu Fuß.

SP 39 – Wohnmobilstellplatz Orcq,
Chemin Landaise 18-2, 7501 Tournai (GPS: 50.599195, 3.337683).
Sechs gepflegte Parzellen bietet ein ruhig gelegener Bauernhof rund vier Kilometer westlich von Tournai. Ver- und Entsorgung sowie Strom sind vorhanden. Mit dem Fahrrad ist man in weniger als einer Viertelstunde am Grand Place.

ES WIRD LANGSAM HÜGELIGER – AUSBLICKE AUF MONS

Auf dem weiteren Weg durch die Wallonie erreichen wir mit **Mons** die nächste größere und auch sehenswerte Stadt. Leider mangelt es hier komplett an Übernachtungsangeboten für Camper. Dennoch sollte man sich dadurch nicht abhalten lassen, der Stadt wenigstens einen kurzen Besuch abzustatten. Parkmöglichkeiten finden sich nach kurzer Suche in den Straßen rund um die Altstadt. Der lang gestreckte Grand Place bildet auch in Mons den Mittelpunkt der Stadt. Von ihm zweigen mehrere Gassen ab, von denen zum Beispiel die Rue des Clercs zum nahe gelegenen **Belfried** führt. Er steht am Rande eines leicht erhöhten Parks und wurde im 17. Jahrhundert im Barockstil errichtet. Von der Grünanlage aus kann man wunderbar den Blick über die Dächer der Stadt in die Ferne schweifen lassen. Unweit des Belfrieds erhebt sich die **Kirche Sainte Waudru**. Sie ist der heiligen Waltraud von Mons gewidmet und wurde über 200 Jahre lang bis zum Ende des 16. Jahrhunderts gebaut. Auffällig ist der mächtige Grundriss des nie fertiggestellten Kirchturms. Diese Grundfläche wäre mindestens notwendig gewesen, um den geplanten Turm bauen zu können. Er sollte nämlich bis zu 190 Meter hoch werden, so der ursprüngliche Plan. Die Bauarbeiten stellte man aber ein, und so besitzt die Kirche lediglich den Stumpf eines Turms.

Wer sich für ein weiteres Weltkulturerbe begeistern möchte, der ist außerhalb von Mons richtig. **Le Grand Hornu** heißt ein Denkmalensemble, das einst eine Arbeitersiedlung mit über 400 Wohnhäusern sowie eine Industrieanlage zur Kohleförderung umfasste. Bereits in der Mitte des 18. Jahrhunderts förderte man Steinkohle zutage, doch der Betrieb wurde 1954 stillgelegt. Heute ist im Gebäudeensemble zugleich ein Designmuseum (www.grand-hornu.eu) untergebracht. Le Grand Hornu befindet sich westlich von Mons und ist über die N51 sehr gut zu erreichen (GPS: 50.434368, 3.837465). Außerdem fällt hier im Vergleich zu Mons das Parken mit dem Wohnmobil deutlich leichter.

Östlich von Mons, kurz vor der Ortschaft La Louvière, werden sich

Heute ein Museum und ein bedeutendes Industriedenkmal - Grand Hornu.

Technikinteressierte für ein weiteres Weltkulturerbe begeistern können. Hinter Thieu kann man den **Canal du Centre** besichtigen. Der nur wenige Kilometer lange historische Kanal wurde zu Beginn des letzten Jahrhunderts in Betrieb genommen. Für den Bau benötigte man vier Schiffshebewerke, da auf der relativ kurzen Strecke ein Höhenunterschied von immerhin fast 70 Metern zu überwinden war. Die ersten drei Schiffshebewerke lassen sich bequem zu Fuß erkunden. Hierfür startet man am kleinen **Besucherzentrum** (www.canalducentre.be, GPS: 50.485102, 4.172379) und spaziert in rund 45 Minuten vom obersten Schiffshebewerk am zweiten vorbei zum dritten. Das vierte Schiffshebewerk lässt sich in wenigen Minuten von einem größeren Parkplatz (GPS: 50.471448, 4.090281) aus gut erreichen. Dieser befindet sich genau zwischen dem alten und dem neuen Kanal, der zu Beginn dieses Jahrhunderts den historischen Kanal ersetzte. Der Höhenunterschied ist natürlich auch beim neuen Kanal geblieben, doch anstatt vier Hebewerke mit einer Hubhöhe von 15 bis 17 Metern nutzt die Schifffahrt nun nur noch eins. Das moderne Schiffshebewerk besteht aus zwei 112 Meter langen Trögen, die einen Höhenunterschied von über 70 Metern überwinden. Sowohl die alten Schiffshebewerke als auch das neue können besichtigt werden.

Beim alten Schiffshebewerk sollte man einfach mal in Ruhe zuschauen, wie die Schiffe auf- und ab befördert werdem

Nicht nur optisch beeindruckend, sondern auch eine beeindruckende Leistung bringt das neue Schiffshebewerk.

Das neue Schiffshebewerk **Strépy-Thieu** ist nur 20 Minuten Fußweg vom erwähnten Parkplatz entfernt. Alternativ kann man auch direkt dort parken (voiesdeau.hainaut.be, GPS: 50.477047, 4.106243). Es werden auch Führungen angeboten.

i Touristinfo Mons, Grand Place 27, 7000 Mons, Tel. +32 65/335580, www.visitmons.be

Auch die nächste Stadt der Wallonie geht leider äußerst sparsam mit Camping- oder Wohnmobilstellplätzen um. Dabei ist **Charleroi** ausgerechnet die größte Stadt der wallonischen Region, doch das Parken mit dem Wohnmobil wird hier zur Herausforderung. Mangels tauglichen Parkplätzen (diejenigen, die es gibt, besitzen in der Regel eine Höhenbeschränkung) bleibt nur das eigenverantwortliche Suchen einer Parklücke in den Straßen des Zentrums.

Allerdings kann die Stadt in Sachen Sehenswürdigkeiten nicht mit anderen Städten Belgiens, die wir bereits besichtigt haben, mithalten. Zu nennen wäre trotzdem der **Belfried**, der ungewöhnlicherweise den Turm eines Wohn- und Geschäftshauses bildet und zu den Welterbestätten zählt. Nur wenige Meter entfernt erreicht man den Place Charles II., von dem neun Straßen sternförmig abgehen und an dem sich die Kirche Saint-Christophe erhebt. Eingebettet zwischen Geschäftshäusern fällt sie nur durch das Kuppeldach auf. Am Place Charles II. beginnt zugleich die Fußgängerzone von

Auch die Altstadt von Charleroi lädt zum Verweilen und Entdecken ein.

Charleroi, die aber wenig Spektakuläres zu bieten hat und modern und aufgeräumt wirkt, eine klassische Altstadt gibt es nicht.

Die zwei Hauptsehenswürdigkeiten von Charleroi befinden sich ohnehin nicht im Stadtzentrum, sondern in den Vororten. Über die N53 ist im Südwesten das bedeutende **Fotografiemuseum** zu erreichen (www.museephoto.be, GPS: 50.387910, 4.403706). Es präsentiert sowohl die Technik der Fotografie als auch mehrere Tausend fotografische Kunstwerke. Die zweite Sehenswürdigkeit liegt gerade einmal zehn Fahrminuten entfernt, ebenfalls im Süden von Charleroi. Das ehemalige **Kohlebergwerk Bois du Cazier** (www.leboisducazier.be, GPS: 50.382064, 4.444298) ist ein bedeutendes Industriedenkmal und ebenfalls auf der Welterbeliste der UNESCO als schützenswert verzeichnet. In einem Museum wird man anschaulich über die Bergbaugeschichte informiert. Dazu gehört auch die tragische Geschichte des schwersten Grubenunglücks im Land. 1956 kamen 262 Bergleute ums Leben, als ein Kurzschluss zu einem Brand führte. Gut die Hälfte der Verunglückten waren Bergmänner aus Italien. Auf dem Gelände des Industriedenkmals gibt es außerdem ein Glasmuseum, das die Glasherstellung von der Antike bis in die Neuzeit dokumentiert und vorstellt.

i Touristinfo Charleroi,
Place Charles II 20, 6000 Charleroi,
Tel. +32 71/861414,
www.paysdecharleroi.be

REISE IN DIE EUROPÄISCHE GESCHICHTE

Ab Charleroi ist es nun grundsätzlich relativ einfach, der weiteren Fahrt durch die Wallonie zu folgen. Die Straße N90 verläuft nach Namur und bringt uns von dort immer am Ufer der Maas bis Liège bzw. Lüttich. Doch es gibt noch drei Sehenswürdigkeiten im Städtedreieck Brüssel, Charleroi und Namur, die einen Umweg wert sind. Dafür fährt man ab Charleroi zunächst nach Norden in Richtung Brüssel, bis man beinahe schon wieder in Flandern ist. Damit folgen wir in etwa der gleichen Strecke wie ein gewisser Napoleon Bonaparte. Er nächtigte am 15. Juni 1815 in Charleroi und zog anschließend nach Norden, wo er kurz vor Brüssel sein persönliches **Waterloo** erlebte. Am südlichen Rand der Ortschaft Waterloo kam es zur Schlacht gegen die alliierten Truppen, die vom britischen General Wellington und dem Feldmarschall Blücher aus Preußen geführt wurden. Am 18. Juni unterlag Napoleon, was zu seiner Abdankung und seiner Verbannung auf die Insel St. Helena führt, wo er sechs Jahre später starb. An der Seite der Alliierten kämpfte auch Prinz Wilhelm II. von Oranien und wurde dabei leicht verletzt. Am Ort des Geschehens errichtete man einen künstlich aufgeschütteten Hügel, der heute das Zentrum der Gedenkstätte für die Schlacht von Waterloo markiert. Nur zur geschichtlichen

Die Pyramide bei Waterloo bietet einen weiten Fernblick über die einstigen Schlachtfelder.

Einordnung: Wilhelm II. ehelichte ein Jahr nach der Schlacht die russische Großfürstin Anna Pawlowna, nach der in der Niederlande bei Den Helder die Ortschaft Anna Paulowna benannt wurde (siehe Band 2, „Holland – Lange Küste und große Städte“).

Bei der Schlacht von Waterloo kamen insgesamt fast 50.000 Soldaten ums Leben. Das damalige Schlachtfeld ist heute landwirtschaftlich geprägt, bietet einem großen Museum Platz und einen Panoramarundblick. Nicht weit entfernt kann man den umkämpften **Hougoumont-Bauernhof** (www.waterloo1815.be, GPS: 50.681166, 4.401422) besuchen.

Unweit von Waterloo befindet sich die Ortschaft **Ottignies-Louvain-la-Neuve**. Wegen der Höhenbegrenzung und den sonstigen Parkeinschränkungen fällt es als Wohnmobilist sehr schwer, sich mit der Stadt anzufreunden. Eingeschränkt wäre der Parkplatz am Boulevard du Sud zu empfehlen, alternativ der weiter südlich gelegene Privatparkplatz eines Discounters. Doch der Aufwand lohnt sich nur, wenn man sich für die belgische Comickunst und hier im Speziellen für Tim und Struppi interessiert. Dem aus Etterbeek bei Brüssel stammenden Comiczeichner Georges Prosper Remi alias Hergé hat man hier ein eigenes Museum gewidmet (www.museeherge.com). Es ist europaweit das erste Museum, das sich ausschließlich mit den Werken eines Comiczeichners befasst. Zu sehen sind Originalzeichnungen, private Gegenstände und Titelblätter des Zeichners. Auch wenn es sich hierbei um das von vielen Menschen immer noch belächelte Thema Comic handelt, richtet sich das Museum weniger an Kinder als an Erwachsene. Übrigens, das Pseudonym **Hergé** leitet sich von der französischen Aussprache seiner umgedrehten Initialen RG ab.

Nur fünf Kilometer vom **Hergé-Museum** entfernt, befindet sich auf dem Gemeindegebiet von Walhain das **geografische Zentrum von Belgien**. Die Mittelpunktmarkierung liegt zwischen zwei Feldern und ist vom dortigen Parkplatz aus (GPS: 50.637438, 4.667021) sehr einfach zu erreichen. Man muss lediglich am kleinen Sportplatz vorbei und steht 250 Meter weiter im Zentrum Belgiens.

Zentraler geht es nicht: Der geografische Mittelpunkt von Belgien.

Hätte sich auch den Titel "Klein-Venedig" verdient - Namur an der Sambre und der Maas.

ENTLANG DER MAAS DURCH DIE WALLONIE

Auf der Straße N4 gelangt man in südliche Richtung leicht in die Hauptstadt der Wallonie, nach Namur. Auf dem Weg dorthin durchquert man den eher unscheinbaren Ort **Gembloux**. Er ergänzt jedoch unsere Sammlung besichtigter **Belfriede** mit einem weiteren Turm. In Namur trifft man auf die Sambre, die von Charleroi kommend in die Maas mündet. Die Maas ist damit vorläufig unser weiterer Begleiter, ihren Unterlauf zwischen Nijmegen und Maastricht in der Niederlande lernt man ausgiebig in Band 2 (im Kapitel „Abseits der Küste") kennen.

Trotz ihrer Bedeutung als Hauptstadt der wallonischen Region ist das Zentrum von **Namur** überschaubar und auch mit klassischen Sehenswürdigkeiten ist die Stadt nicht reich gesegnet. Bedeutsam ist jedoch die **Zitadelle**, die zu den größten Festungsanlagen Europas zählt. Sie befindet sich auf einem Hügel genau an der Mündung der Sambre in die Maas. Schon allein diese Tatsache verspricht einen wunderbaren Ausblick von hier auf die Stadt. Nicht nur die beiden Flüsse sind zu sehen, sondern auch der Regierungssitz der Wallonie am Ufer der Maas. Für die Besichtigung sollte man jedoch ein wenig Zeit mitbringen, schon allein wegen der Größe der Anlage und der damit verbundenen langen Wege (www.citadelle.namur.be). Innerhalb der Zitadelle können außerdem die unterirdischen Gänge erkundet werden, die zum Teil mit modernsten Mitteln visuell bereichert wurden.

Die Innenstadt von Namur ist weniger historisch interessant, sondern besticht mit einer modernen Fußgängerzone. Sehenswert ist auf jeden Fall noch die aus dem 18. Jahrhundert stammende Kathedrale Saint-Aubain, die mit spätbarocker Architektur und einem Vierungsturm mit Kuppel glänzt. Der klassische Kirchturm ist eigentlich frei stehend und nur durch einen kleinen Anbau mit dem Kirchenschiff verbunden.

i Touristinfo Namur,
Place de la Station, 5000 Namur,
Tel. +32 81/246449

SP 40 – Wohnmobilstellplatz Namur, Place André Ryckmans, 5000 Namur (GPS: 50.467813, 4.850125). Acht Stellflächen ohne größeren Abstand zueinander direkt neben einer Sporthalle und an einem Sportplatz. Ver- und Entsorgung vorhanden, kein Strom. Die Zitadelle hat man in einer halben Stunde zu Fuß erreicht, aber ein Urlaubsort ist der Stellplatz nicht. Oft wird er zudem von Pkws blockiert.

CP 38 – Camping Les Trieux, Les Trîs 99, 5020 Malonne, www.campinglestrieux.be (GPS: 50.441644, 4.801768). Überschaubarer, klassischer Campingplatz südwestlich von Namur. Mit dem Fahrrad erreicht man die Zitadelle in einer halben Stunde.

SP 41 – Wohnmobilstellplatz Floreffe, Rue des Déportés 33, 5150 Floreffe (GPS: 50.434153, 4.756577). Acht Stellflächen direkt am Ufer der Sambre zwischen Charleroi und Namur. Direkt unterhalb einer ebenfalls sehenswerten Abtei. Namur kann man auf dem Uferradweg in circa 45 Minuten erreichen.

GENUSSVOLLE FAHRT DURCH DAS TAL DER MAAS

Bevor wir der Maas flussabwärts folgen, sollten wir genau in die andere Richtung fahren und das malerische Tal auch in Richtung Frankeich kennenlernen. Der Fluss windet sich zwischen den sanften und bewaldeten Hügeln der Wallonie, begleitet von der Straße N92, auf der man sein Wohnmobil durch das Tal steuert. Dabei durchquert man mehrere kleine Ortschaften, bis man den wohl schönsten zwischen Namur und der französischen Grenze erreicht.

Dinant erstreckt sich an beiden Ufern der Maas, die über die Pont Charles de Gaulle miteinander verbunden sind. Von der Brücke aus hat man den schönsten Blick auf die Stadt, denn am rechten Flussufer erhebt sich ein rund 100 Meter hoher Felssporn, auf dem bereits im 11. Jahrhundert eine Burg errichtet wurde. Aus dieser entwickelte sich im Laufe der Jahrhunderte die heutige **Zitadelle** (www.citadelledinant.be). Gleich unterhalb der Zitadelle breiten sich die Wohnhäuser am Ufer der Maas aus, aber besonders auffällig ist die **Stiftskirche Notre-Dame** aus dem 14. Jahrhundert, die genau auf der engen Fläche vor dem Felssporn errichtet wurde. Zusammen mit der Zitadelle gibt die Stadt hier ein sehr schönes Bild ab.

Die Zitadelle kann und sollte besichtigt werden. Gleich rechts neben der Kirche beginnt der Aufstieg mit über 400 Stufen, die in der zweiten Hälfte des 16. Jahrhunderts in den Fels geschlagen wurden. Alternativ kann man auch mit der daneben liegenden Seilbahn hinauffahren. Zu sehen gibt es jede Menge Räumlichkeiten mit den entsprechenden Informatio-

Man muss ja nicht gleich die Rampe für die Paraglider nutzen. Die tolle Aussicht ins Maastal reicht auch.

Auch am Ufer der Maas lässt es sich entspannt spazieren.

nen zur Geschichte der Festungsanlage, und im Innenhof wartet ein kleines Café auf die Besucher. Außerdem lässt sich auch von der Außenterrasse aus der Blick auf die im Tal liegende Stadt genießen.

Wenn man auf der Pont Charles de Gaulle steht, wird man zudem auf etwas anderes aufmerksam. An beiden Seiten der Brücke befinden sich mehrere Saxofonskulpturen. Aus gutem Grund, denn man ist in Dinant stolz darauf, dass der Erfinder des Saxofons ein Sohn der Stadt ist. Adolphe Sax wurde 1814 in Dinant geboren, zog aber bereits im Alter von 24 Jahren nach Brüssel. Dort erfand er zwar das Saxofon, doch es machte ihn nicht reich. **Adolphe Sax** starb verarmt. Unterhalb der Zitadelle befindet sich in der Rue Adolphe sein Wohnhaus, in dem ein kleines Museum über sein Leben und Wirken berichtet (http://sax.dinant.be). Man kann es nicht verfehlen, vor dem Eingang sitzt der Instrumentenbauer als Skulptur mit einem Saxofon im Arm auf einer Parkbank.

Auch südlich von Dinant lohnt es sich, dem Tal der Maas noch ein wenig zu folgen. Rund 20 Minuten würde man auf der N96 weiterfahren, um die Grenze zu Frankreich zu erreichen. Auf diesen 20 Minuten gibt es direkt am Südrand der

Die Maas präsentiert sich mit einem schönen Tal mit hohen Felswänden.

Ortschaft das **Maison Leffe** (www.leffe.com). Dieses ehemalige Klostergebäude gehörte den Prämonstratensern, die dort das noch heute berühmte Bier Leffe brauten. Heute ist in dem Gebäude ein Hotel untergebracht mit angeschlossenem Biermuseum. Zum Besuch des Museums gehört natürlich auch eine Bierverkostung. Etwas oberhalb der Maison Leffe gelangt man an der Straße N936 zum Eingang einer kleinen **Tropfsteinhöhle**, die im Rahmen einer Führung besichtigt werden kann (GPS: 50.254919, 4.904602). Wer weiter im Tal der Maas bleibt, wird am rechten Flussufer einen ganz anderen Felsen kennenlernen. Der Rocher Bayard ist eine frei stehende Felsnadel, die so wirkt als sei sie von der Felswand abgebrochen. Der Autoverkehr, der von Süden in Richtung Dinant verläuft, wird genau zwischen Felswand und **Rocher Bayard** geleitet (GPS: 50.244565, 4.921303). Auf der N95 lohnt sich zudem die Weiterfahrt an den folgenden Dörfern vorbei, bis man einen Aussichtspunkt oberhalb des Maastals erreicht (GPS: 50.229201, 4.891819). Dort blickt man nicht nur zum Fluss hinab, sondern sieht auch das im Renaissancestil erbaute **Schloss Freÿr** am gegenüberliegenden Maasufer. Errichtet wurde der vierflügelige Komplex bereits vor dem 16. Jahrhundert. Doch besonders auffällig ist der angrenzende Schlossgarten mit 300 Jahre alten Orangenbäumen, der besonders von oben, also dem Aussichtspunkt an der N95, ein ansprechendes Bild abgibt. Die Räumlichkeiten des Schlosses (GPS: 50.225872, 4.889199) lassen sich besichtigen, dafür fährt man entweder weiter nach Hastière-Lavaux oder zurück nach Dinant, um die Maas zu überqueren.

CP 39 – Camping Le Douaire,
Rue du Herdal 43, 5170 Profondeville, www.campingledouaire.be (GPS: 50.372369, 4.869899). Einfacher, kleiner Campingplatz in ruhiger Lage etwas oberhalb der Maas, jedoch ohne nennenswerte Aussicht.

CP 40 – Camping Communal De Devant Bouvignes,
Quai du Camping 9, 5500 Dinant (GPS: 50.277540, 4.897270). Einfacher, kommunaler Campingplatz mit Standardausstattung direkt am Ufer der Maas. Auf der anderen Seite verläuft allerdings die N92 direkt am Platz vorbei. Guter Ausgangspunkt, um Dinant in etwas weniger als einer halben Stunde zu Fuß zu erreichen.

CP 41 – Villatoile Camping et gîtes,
Pont-à-Lesse 31, 5500 Dinant, www.villatoile.be (GPS: 50.227303, 4.909534). Größerer Campingplatz im ruhigen Tal der Lesse, einem Zufluss der Maas südlich von Dinant. Zufahrt am besten über die Rue des Forges und nicht über die Rue de Waulx. Großzügige Parzellen und übliche Campingausstattung.

Folgt man der Maas ab Namur flussabwärts, gelangt man durch **Huy** nach Liège bzw. Lüttich. In Huy lohnt sich der Zwischenstopp an der dortigen **Zitadelle**. Unterhalb der Festungsanlage kann man direkt am Maasufer parken (GPS: 50.516807, 5.234819). Die Zitadelle lässt sich von der Größe her bei Weitem nicht mit der Anlage in Namur vergleichen. Doch beherbergt sie mit einer Ausstellung über den Widerstand im Krieg und über Konzentrationslager eine interessante und wichtige Dokumentation. Auf dem Dach der Zitadelle fallen sofort die etwas deplatziert wirkenden Stützpfeiler auf. Sie dienen der längsten und einer der letzten **Seilbahnen** Belgiens. Sie ist fast drei Kilometer lang und pendelt vom gegenüberliegenden Maasufer über die Zitadelle und Teile der Stadt hinweg bis zu einem Hügel abseits des Flusses (GPS: 50.514073, 5.251366).

Ansonsten ist Huy außerhalb Belgiens vor allen Dingen für das Atomkraftwerk Tihange bekannt. Es befindet sich am östlichen Ortsrand direkt an der Maas und ist wegen seiner zahlreichen Mängel sehr umstritten.

Von der Zitadelle in Liege/Lüttich überblickt man beinahe die ganze Stadt.

AUSBLICKE ÜBER DIE STADT LIÈGE/LÜTTICH

Von Huy ist es mit dem Wohnmobil nur ein Katzensprung bis zur zweitgrößten Stadt der Wallonie. **Lüttich** bzw. **Liège** auf Französisch ist eine eher moderne Stadt und bietet keine klassische Altstadt mit engen Gassen. Das Herzstück der Stadt ist der **Place Saint-Lambert** am linken Maasufer. Die dortige Hauptsehenswürdigkeit sieht man nicht sofort auf den ersten Blick. Denn das sogenannte **Archéoforum** liegt unterirdisch und ist ein im Jahr 2003 eröffnetes, archäologisches Museum. An der Stelle des heutigen Platzes entdeckte man 1898 zum ersten Mal Spuren aus der gallorömischen Zeit, die dazu führten, dass man 1907 mit archäologischen Ausgrabungen begann. Im Jahr 705 wurde in Lüttich der Bischof Lambert von Maastricht im Alter von 70 Jahren ermordet. Zunächst bestattete man ihn in seiner Heimatstadt weiter flussabwärts. Doch der Ort, an dem der heilige Lambertus zu Tode kam, entwickelte sich zu einer Pilgerstätte. Daher wurde sein Leichnam nach Lüttich gebracht und in ein Mausoleum umgebettet. Aus diesem Mausoleum entstand im Laufe der Jahrhunderte die **Lambertuskathedrale** von Lüttich. Ihr Standort: der heutige Lambertusplatz. Die einstige Kathedrale präsentierte sich mit einer doppeltürmigen Fassade und konnte bis zu 4.000 Gläubige aufnehmen. Damit besaß sie eine der größten Innenräume ihrer Zeit im heutigen Westeuropa. Außerdem wurde sie von einem stolzen 135 Meter hohen Turm gekrönt. Im Zuge der Französischen Revolution wurde das Kirchengebäude von Lütticher Revolutionären in einem Zeitraum von über drei Jahrzehnten leider abgerissen. Der Standort der Kirche ist auf dem Boden des Place Saint-Lambert stilisiert worden. Moderne Metallelemente zeichnen außerdem die einstigen Säulen der Kathedrale nach. Nähere Informationen zur Geschichte des Platzes und der Kirche erhält man im Archéoforum (www.archeoforumdeliege.be).

An der Nordseite wird der Platz vom **Palast der Fürstbischöfe** geprägt. Dieser Gebäudekomplex beherbergt zwei große Innenhöfe und wurde Mitte des 19. Jahrhunderts in seiner heutigen Form vollendet. Doch schon eintausend Jahre zuvor gab es an dieser Stelle einen Palast, der in die damaligen Befestigungsanlagen der Stadt integriert war. Gleich hinter dem Palast verläuft die Rue du Palais bis zur nahe gelegenen und ehemaligen Kirche Saint-Antoine. Sie wurde entweiht und dient heute als Ausstellungshalle für das **Musée de la Vie wallonne** (www.viewallonne.be).

Auf der Treppe namens Montagne de Bueren gehen Kalorien verloren.

Die Dauerausstellung über die Geschichte der Wallonie wird mit wechselnden Ausstellungen zu verschiedenen Themenbereichen unterstützt und bietet einen vorzüglichen Einblick in das wallonische Leben.

Gleich hinter dem Gebäude gibt es noch ein kleines Privatmuseum, das **MULUM**. Die Abkürzung steht für Musée Liègeois du Luminaire und befasst sich mit der Beleuchtungskunst, beginnend bei Kerzen und Gaslampen bis zur heutigen modernen Technik (www.lesmuseesdeliege.be/mulum). Keine 100 Meter weiter biegt man links in eine kleine Fußgängerzone ein. Dort steht man nicht nur an einer der vielen Treppen Lüttichs, sondern an der Treppe, die gelegentlich auch als Wahrzeichen der Stadt bezeichnet wird. Die **Montagne de Bueren** bietet auf einer Steigung von 30 Prozent satte 374 Stufen. Benannt ist sie nach Vincent van Bueren, der hier im Oktober 1468 versuchte, mit 600 Mann Karl den Kühnen und Ludwig XI. zu überfallen. Doch im Bereich der Treppe ward er nie gesehen. Mit dem Bau der Treppe verband man die Stadt mit der damals bestehenden, oberhalb liegenden Zitadelle. Die Besteigung der Treppe lohnt sich natürlich für eine Aussicht auf die Stadt, doch der Platz, an dem sich einst die Festungsanlage befand, wird heute von einem modernen Krankenhauskomplex eingenommen. Wer sich oberhalb der Treppe ein wenig rechts hält, wird in der Grünanlage neben dem Krankenhaus weitere Ausblicke auf Lüttich genießen können.

Wer die Stadt Lüttich am Sonntag besucht, hat zugleich die Gelegenheit, den wohl ältesten Wochenmarkt des Landes zu erleben. Schon im Jahr 1561 wurde der **Marché de la Batte** am Maasufer abgehalten. Bis heute entwickelte sich daraus ein mehrere Kilometer langer Wochenmarkt am linken Ufer der Maas.

Leider scheitert es in Liège an jeglicher Übernachtungsmöglichkeit für Wohnmobilfahrer. Es existiert kein Campingplatz und ein einfacher kommunaler Stellplatz, selbst in fragwürdiger Umgebung, wird nicht angeboten. Die nächstgelegenen Übernachtungsplätze befinden sich im Tal der Ourthe, in das wir ohnehin als nächstes hineinfahren werden; wir halten an einem Weltkulturerbe, nordöstlich, circa 11 Kilometer außerhalb von Liège. Dort befindet sich das einstige **Steinkohlebergwerk Blegny-Mine** (GPS: 50.686147, 5.723407), das zu den auf der UNESCO-Welterbeliste eingetragenen Bergwerken der Wallonie gehört. Schon im 16. Jahrhundert wurde dort von Mönchen der Abtei Val-Dieu Bergbau betrieben, der erste Schacht wurde jedoch erst in der zweiten Hälfte des 18. Jahrhunderts angelegt. Bis zur Schließung im Jahr 1980 wurden in der Hochphase über 230.000 Tonnen Kohle pro Jahr gefördert. Heute kann man entweder den Ausblick von der angrenzenden begrünten Abraumhalde aus genießen oder man fährt innerhalb des Museums in den Schacht ein und erlebt damit einen Museumsbesuch unter Tage (www.blegnymine.be).

i Touristinfo Liège/Lüttich,
Quai de la Goffe 13, 4000 Liège,
Tel. +32 4/2219221,
www.visitezliege.be

SP 42 – Wohnmobilstellplatz Blegny-Mine,

Rue Lambert Marlet 33-3, 4670 Blégny (GPS: 50.686147, 5.723407).
Einfacher Wohnmobilstellplatz auf Schotter, direkt auf dem Gelände der einstigen Zeche. Restaurant und Kinderspielplatz gleich nebenan. Ver- und Entsorgung sowie Strom vorhanden. Mit dem Fahrrad erreicht man in einer halben Stunde die Maas und von dort in einer weiteren halben Stunde den Place Saint-Lambert in Liège.

DURCH DAS TAL DER OURTHE IN DIE ARDENNEN

Um von Lüttich weiter in den Südosten Belgiens und damit später nach Luxemburg zu gelangen, gibt es zwei Varianten, die beide ihren Reiz haben. Wer genug Zeit auf seiner Beneluxreise mitbringt, der sollte sich ruhig mit beiden Strecken befassen oder diese miteinander kombinieren. Da wäre einerseits die Fahrt von Lüttich in die deutschsprachige Region Belgiens, nach Eupen. Dort geht es dann mit zahlreichen Wandermöglichkeiten über das Hohe Venn hinweg auf direktem Weg nach Süden und nach Luxemburg. Damit bleiben wir in der Provinz Lüttich. Diese Variante wird weiter unten beschrieben.

Doch zunächst befassen wir uns mit dem **Tal der Ourthe**, das in Lüttich direkt in Richtung Süden führt und mehrere Sehenswürdigkeiten sowie Campingplätze bereithält. So gelangen wir in die Provinz Luxemburg, die südlichste Provinz Belgiens. Hier bildet sich südöstlich der Ortschaft La Roche-en-Ardenne die Ourthe aus der Vereinigung zweier Quellflüsse. Zwischen La Roche-en-Ardenne und Lüttich fließt die Ourthe mit engen Kurven durch die hügelige Landschaft der Ardennen und wird zum wasserreichsten Zufluss der Maas. Weitere Flüsse in den Ardennen sind die Lesse und die Semois, auf die wir ebenfalls einen Blick werfen werden.

Die N633 überquert im südlichen Teil von Lüttich die Maas genau

In Richtung Ardennen wird die Landschaft langsam hügeliger.

dort, wo die Ourthe in den Fluss mündet. Von hier an folgt man der Straße weitestgehend parallel zum Flussufer. Gelegentlich findet man kleinere Sehenswürdigkeiten wie das **Schloss Colonster** (GPS: 50.578030, 5.593790) in einem frei zugänglichen Park und mit einer gehobenen Gastronomie in den herrschaftlichen Mauern. Außerdem durchquert man malerische und überschaubare Ortschaften wie Esneux. Zwischendurch verläuft die Straße auch schon mal über eine Art Bergrücken, während der Fluss eine große Schleife bildet und außen herumfließt.

Bei der Ortschaft **Rivage** mündet der Fluss Amel in die Ourthe. Die N633 folgt nun weiter der Amel und wäre für uns der richtige Weg, wenn wir hier in Richtung Malmedy und Spa abbiegen wollten. Doch so weit wollen wir die Ourthe vorerst gar nicht verlassen. Es reicht uns, wenn wir der Amel bis zur Ortschaft **Aywaille** folgen. Im dortigen kleinen Ortsteil **Remouchamps** befindet sich eine **Schauhöhle**, die bereits seit dem Jahr 1828 öffentlich zugänglich ist (www.lesgrottes.be). Dennoch entdeckte man erst fast ein Jahrhundert später einen 40 Meter hohen Saal, der als Kathedrale bezeichnet wird. Beim Rundgang durch die Höhle, bei der man einige Treppen zu überwinden hat, trifft man auf einen kleinen unterirdischen Fluss. Hier erlebt man etwas beinahe Einmaliges. Denn der Rückweg zum Ausgang findet per Boot statt. Bei der längsten unterirdischen Bootsfahrt Belgiens sollte man hin und wieder den Kopf einziehen, da die abenteuerliche Fahrt durch so manche Engstelle verläuft.

SP 43 – Wohnmobilstellplatz Aywaille, Esplanade du Fair-Play, 4920 Aywaille (GPS: 50.475905, 5.678222). Acht enge, schräg geschnittene Stellflächen auf Asphalt. Zwischen einem öffentlichen Parkplatz und einem Kinderspielplatz bei einem Freizeitzentrum am Ufer der Amel. Das kleine Stadtzentrum ist zu Fuß gut erreichbar, zu den Höhlen von Remouchamps ist man zu Fuß etwas mehr als eine halbe Stunde unterwegs.

CP 42 – Camping Dieupart, Avenue de la Porallée, 4920 Aywaille, www.dieupart.be (GPS: 50.477833, 5.689816). Klassischer Campingplatz in ruhiger und malerischer Lage direkt am Ufer der Amel. Von hier aus sind es nur noch 20 Minuten Fußweg zu den Höhlen.

Folgt man dem Tal der Amel weiter flussaufwärts und unter der Autobahnbrücke hindurch, so trifft man auf weitere Campingplätze, die sich jedoch schwerpunktmäßig an Dauercamper richten. Wir fahren ohnehin wieder zurück zur Ourthe und folgen diesem größeren Flüsschen nun weiter auf der N654. Gleich nach

Viele Seen, wie hier bei Cerfontaine, laden zum Baden und Spazieren ein.

der nächsten Kurve, die der Fluss bildet, befindet man sich im kleinen Ort **Comblain-au-Pont**. Auch hier gibt es eine **Höhle** zu entdecken (www.grottedecomblain.be). Sie ist deutlich kleiner als die Höhlen von Remouchamps und sie bietet auch keine unterirdische Bootsfahrt, ist aber ebenso spannend zu entdecken. Schwierig ist es in der engen Ortschaft jedoch mit dem Entdecken eines Parkplatzes. Insbesondere Fahrer von größeren Wohnmobilen werden hier Verzicht üben müssen.

Auf dem Weg nach Süden wird der Fluss immer schmaler und die Straße entfernt sich des Öfteren vom Gewässer. In **Barvaux** sollte man in der Zeit von Juli bis Oktober einen Stopp am dortigen **Maislabyrinth** einplanen (www.lelabyrinthe.be, GPS: 50.355937, 5.498728). Für diesen Zwischenstopp sollte man sich etwas mehr Zeit nehmen, denn das Labyrinth ist kein gewöhnliches Maislabyrinth, sondern es begeistert mit einer Wegstrecke von zehn Kilometern Länge und mit mehreren Schauspielern, die den kleinen und großen Besuchern an verschiedenen Stationen Aufgaben zum Lösen aufgeben. Hier werden die Besucher mit viel Liebe, Darstellungen und einem Aussichtsturm unterhalten.

CP 43 – Camping Communal Dessous Hamoir, Rue du Moulin 10b, 4180 Hamoir, www.hamoir.be (GPS: 50.423202, 5.530999). Einfacher Campingplatz am Ufer der Ourthe. Überwiegend Dauercamper und Bungalows. Ein schmaler Rasenstreifen direkt am Wasser steht jedoch für Wohnmobilisten zur Verfügung.

SP 44 – Wohnmobilstellplatz Hamoir, Rue du Moulin, 4180 Hamoir (GPS: 50.423581, 5.534003). Zehn Stellflächen auf Schotter zwischen Fußballfeld und Tennisplätzen und am Ufer der Ourthe. Nahe des kommunalen Campingplatzes.

CP 44 – Camping aux Frênes, Basse Commène 40, 6940 Barvaux, www.camping-aux-frenes.be (GPS: 50.354114, 5.501294). Sehr große Anlage direkt neben dem Maislabyrinth. Die größte Fläche des Platzes wird zwar von Dauercampern genutzt, doch für Wohnmobilisten bzw. Durchreisende stehen große Rasenflächen direkt am Ufer der Ourthe zur Verfügung.

CP 45 – Camping Rosa-Pré, Route de Bomal 25, 6940 Barvaux, www.campingrosapre.be (GPS: 50.355547, 5.507540). Kleinerer und vom Standard her sehr einfacher Campingplatz am gegenüberliegenden Ufer. Das Maislabyrinth ist eigentlich nur 100 Meter entfernt, jedoch nur durch einen zwei Kilometer langen Umweg durch die Ortschaft erreichbar.

SP 45 – Wohnmobilstellplatz Barvaux (GPS: 50.352368, 5.495840). Zehn einfache Stellflächen am Ortskern und direkt am Ufer der Ourthe. In das kleine Zentrum mit seinem Gastronomieangebot muss man nur über die Brücke gehen. Zum Maislabyrinth sind es zehn Minuten zu Fuß. Ver- und Entsorgung vorhanden. Maximale Aufenthaltsdauer eine Nacht.

Bei der Fahrt durch das Tal der Ourthe merkt man schnell, dass hier die Freizeitaktivitäten im Vordergrund stehen. Hat man sich erst einmal durch das Maislabyrinth von Barvaux gewuselt, so kann man nur wenige Kilometer flussaufwärts eine Vielfalt an Outdoorabenteuern erleben und seinen Adrenalinausstoß in die Höhe treiben. Das **Adventure Valley Durbuy** (www.adventure-valley.be, GPS: 50.340542, 5.454859) bietet jede Menge Action für Jung und Alt. Die Bandbreite reicht von einem Bike-Park über ein 3-D-Labyrinth bis zum Klettergarten, zu einer Zip-Line, Lasergames, einem Escape Room, einer riesigen Rutsche, die man im Gummischlauch befährt, und vielen weiteren Aktivitäten. Eines haben sie alle gemeinsam: Sie dienen der Unterhaltung und fördern und fordern Geist und Körper.

Es wird nun zusehends schwerer, dem Fluss zu folgen. Dieser mäandert durch eine nun eher landwirtschaftlich geprägte Region.

Doch immer dort, wo er eine Ortschaft passiert, gibt es meist etwas zu sehen, zu erleben oder einen Platz zur Übernachtung. So auch im kleinen **Hotton**, wo man abermals in den Untergrund abtauchen kann. In der **Höhle** (www.grottesdehotton.be, GPS: 50.259389, 5.455580), die sich etwas außerhalb befindet, sieht man zahlreiche Stalagmiten und Stalaktiten sowie einen unterirdischen Fluss. Nicht weit von dort entfernt, wird man auch wieder an die Schrecken des Zweiten Krieges erinnert. Über 600 britische Soldaten liegen auf dem **Soldatenfriedhof Hotton** (GPS: 50.261674, 5.448174) begraben. Gefallen sind sie auf den Schlachtfeldern der Ardennen.

CP 46 – Camping Pont de Deulin, Rue du Monument 49, 6990 Hotton, www.pontdedeulin.be (GPS: 50.307400, 5.391529). Kleiner, einfacher Campingplatz an der Kreuzung der Straßen N898 und N929. Dadurch ist Verkehrslärm vorhanden, doch auf der anderen Seite fließt direkt das Wasser der Ourthe an der Parzelle vorbei. Nicht weit vom kleinen Schloss Deulin und seinem schönen Garten entfernt.

CP 47 – Camping La Mayette, Rue Lava 60, 6990 Fronville, www.lamayettecaravans.be (GPS: 50.300888, 5.417009). Zweigeteilter Platz für Dauercamper und Durchreisende in ruhiger Lage direkt am Flussufer.

CP 48 – Camping LaBrise, Rue de Durbuy 8, 6990 Hotton, www.campinglabrise.be (GPS: 50.282667, 5.438632). Großzügige Parzellen im kleinen Dorf Melreux nördlich von Hotton, ebenfalls direkt am Ufer der Ourthe.

CP 49 – Camping Eau-Zone, Rue des Fonzays 10, 6990 Hotton, www.campingeauzone.be (GPS: 50.271445, 5.437057). Ruhige Lage in einer weiten Schleife des Flusses. Großzügige Rasenflächen mit jungen Bäumen unterteilt.

SP 46 – Wohnmobilstellplatz Hotton, Haie Notre Dame, 6990 Hotton (GPS: 50.269450, 5.459364). Fünf enge Stellflächen im hintersten Winkel der Ortschaft. Kleiner, kommunaler Stellplatz direkt am Friedhof und am Radweg (RAVeL) zwischen Hotton und Soy. Ver- und Entsorgung sowie Strom vorhanden. Schöne Aussicht in die nördlich gelegene Landschaft.

Von Hotton aus fährt man wieder sehr flussnah auf der N833 in südliche Richtung, bis man den Ort **La Roche-en-Ardenne** erreicht. Er befindet sich in einer engen Flussschleife und wird von einer Burgruine dominiert, die sich weit oberhalb der Ortschaft auf einem Felsplateau befindet. Schon die Kelten waren hier ansässig, und später errichteten die Römer ein Lager an dieser Stelle, denen wiederum Pippin der Ältere mit einem Domizil folgte.

Mal wieder malerisch: Das Zentrum von La-Roche-en-Ardenne.

Im 9. Jahrhundert ließ dann der Graf von La Roche die erste Burg errichten. Unter Ludwig XIV. wurde die Anlage erweitert und befestigt, doch im 18. Jahrhundert begann ihr Niedergang, der in Vandalismus und Plünderung mündete. Der Zweite Weltkrieg mit den schweren Schäden durch die Ardennenoffensive gab der Burg den Rest.

Doch noch heute ist die Burgruine beeindruckend und zwar nicht nur von unten aus dem Ort betrachtet, sondern auch bei einem Rundgang durch die historischen Mauern (www.chateaudelaroche.be). Gleichzeitig hat man dabei einen schönen Ausblick auf die malerische Ortschaft, insbesondere auf die Kirche Saint-Nicolas gleich neben dem Felsplateau.

Am größten Parkplatz des Ortes (GPS: 50.183136, 5.575206) blickt man auf einen US-amerikanischen Sherman-Panzer, der uns so langsam auf die später noch beschriebene Geschichte der Ardennenoffensive einstimmt. Auch im näheren Umfeld von La Roche-en-Ardenne, allerdings außerhalb der Ortschaft, gibt es einiges zu entdecken. Rund sieben Kilometer nördlich erfreuen sich besonders die kleinen Mitreisenden über die Spiel- und Abenteuermöglichkeiten im **Parc Chlorophylle** (www.parcchlorophylle.com, GPS: 50.240556, 5.597338). Die Anlage versteht sich als sogenannter Walderholungspark und informiert spielerisch an verschiedenen Stationen über den Lebensraum Wald. Zwischen Holzkunst und Kletterparcours

Die Ourthe fließt gemütlich durch La-Roche-en-Ardenne...

geht es zum Beispiel an einem kurzen Baumwipfelpfad hinauf in luftige Höhen, wo man einen Einblick in die Baumkronen erhält.

In luftiger Höhe befindet man sich auch nordöstlich von La Roche-en-Ardenne. Dort, wo die N89 auf die Autobahn A26 trifft, befindet sich einer der höchsten Punkte Belgiens. Der **Baraque Fraiture** gilt mit seinen 652 Metern als der dritthöchste Punkt des Landes und als der höchste Punkt in der belgischen Provinz Luxemburg. Noch höher gelangt man im gesamten Benelux nur im Hohen Venn, dazu aber später mehr. Die Freizeitmöglichkeiten beschränken sich jedoch auf Einkehrmöglichkeiten an einer nahe gelegenen Kreuzung, wo wiederum ein Geschütz daran erinnert, was hier in den 1940er-Jahren geschah.

i **Touristinfo La Roche-en-Ardenne,** Place du Marché 15, 6980 La Roche-en-Ardenne, Tel. +32 84/367736, www.coeurdelardenne.be

CP 50 – Camping Marcourt, Pont de Marcourt 1, 6987 Marcourt, www.campingmarcourt.be (GPS: 50.215693, 5.521319). Kleiner Campingplatz zwischen Hotton und La Roche-en-Ardenne mit sehr viel Baumbestand und direkter Lage am Ufer der Ourthe.

CP 51 – Camping Beau Rêve, Wate-Fosse 2, 6987 Rendeux, www.camping-beaureve.be (GPS: 50.185208, 5.515969). Wem es im Tal der Ourthe zu eng oder zu voll ist, der fährt einfach ein Stück die N888 hinauf. Auf der rechten Seite befindet sich dann in ruhiger Waldlage eine große Campingwiese. Auf dem Campingplatz gibt es ein kleines Restaurant. Nach La Roche-en-Ardenne gelangt man in gut 20 Minuten mit dem Fahrrad, Steigung inklusive.

CP 52 – Camping de l'Ourthe, Rue des Echavées 8, 6980 La Roche-en-Ardenne, www.campingdelourthe.be (GPS: 50.188088, 5.570134). In einer Schleife des Flusses befinden sich dieser und der benachbarte Campingplatz. Beide bieten Platz für Dauercamper, aber haben auch jede Menge Parzellen direkt am Fluss. Die Ortschaft erreicht man in wenigen Gehminuten.

CP 53 – Camping Benelux, Rue de Harzé 24, 6980 La Roche-en-Ardenne, www.campingbenelux.be (GPS: 50.190887, 5.573702). Ähnlich ausgestattet wie der Camping de l'Ourthe, grenzt direkt an diesen an.

CP 54 – Camping Floreal, Route d'Houffalize 18, 6980 La Roche-en-Ardenne, www.florealgroup.be (GPS: 50.177048, 5.599317). Großer Campingplatz einer Kette, im Osten der Ortschaft, ebenfalls direkt im Tal der Ourthe gelegen, allerdings neben der Landstraße.

CP 55 – Camping Lohan, Quartier de Lohan 2, 6980 La Roche-en-Ardenne, www.campinglohan.be (GPS: 50.181057, 5.606951). Klassischer Campingplatz, ebenfalls zwischen der N860 und dem Fluss Ourthe, nur noch ein Stück weiter östlich als Camping Floreal.

...und bildet außerhalb der Ortschaften ein wunderbares Tal.

Als letzte kleine Ortschaft entlang der Ourthe kann man **Houffalize** bezeichnen. Der Ort kommt fast ohne besondere Sehenswürdigkeit aus und präsentiert sich dennoch einladend. Im kleinen Zentrum, das auf drei Seiten von der Ourthe umgeben ist, gibt es mehrere Restaurants und Bars sowie einen einfachen, aber sehr zentralen Wohnmobilstellplatz.

SP 47 – Wohnmobilstellplatz Houffalize, Cour-de-l'Abbaye, 6660 Houffalize (GPS: 50.132177, 5.788222). Acht einfache Stellflächen liegen eng beieinander hinter einer Schranke. Strom sowie Ver- und Entsorgung vorhanden. Direkt im Ortskern, zentraler geht es nicht.

KREUZ UND QUER IM SÜDEN BELGIENS

Bei Houffalize verlassen wir die Ourthe und fahren auf der N30 schnurgerade und einfach weiter in den Süden Belgiens. Das nächste Ziel lautet **Bastogne** und wird auf Deutsch zuweilen auch als Bastnach bezeichnet. Die Ortschaft ist generell recht überschaubar, sollte aber nicht ausgelassen werden. Schon mehrfach wurde man bei der Reise durch die Ardennen an den Zweiten Weltkrieg erinnert. In Bastogne kann man sich schließlich mit der Thematik besonders gut auseinandersetzen. Am Ortsrand befindet sich unübersehbar das Mémorial du Mardasson und gleich daneben das **Bastogne Kriegsmuseum** (www.bastogne-warmuseum.be, GPS: 50.010590, 5.740179). In der zum Teil interaktiven Ausstellung wird der Schwerpunkt auf die **Ardennenoffensive** gelegt. Sie war eine der letzten Schlachten des Zweiten Weltkriegs und auch eine der blutigsten. Fast 20.000 gefallene Soldaten hatten die USA bei dieser Schlacht zu beklagen, die im Englischen als Battle of the Bulge bezeichnet wird. Für die deutsche Wehrmacht war es ein vorletztes Aufbäumen mit ähnlich hoher Anzahl an Verlusten von Menschenleben. Die Kämpfe begannen am 16. Dezember 1944 mit einem Vorstoß deutscher Divisionen, die durch Raketenangriffe mit der V1 unterstützt wurden. Zwischen Malmédy und Bastogne waren die Ortschaften St. Vith und Houffalize sowie der Norden Luxemburgs schwer umkämpft. Nach tagelangen Kämpfen konnte die US-Army den Vorstoß der Deutschen abwenden und sie wieder zurückdrängen. Der damalige Befehlshaber vor Ort war ein gewisser Dwight D. Eisenhower, später Präsident der Vereinigten Staaten.

Das **Mardasson-Denkmal** wurde von den Belgiern aus Dankbarkeit gegenüber den Amerikanern errichtet und erinnert an die fast 77.000 US-Soldaten, die bei der

Das Mémorial du Mardasson kann bestiegen werden und erinnert an die Ardennenschlacht.

Ardennenoffensive getötet oder verletzt wurden oder seither als vermisst gelten. Das begehbare Denkmal ist sternförmig angelegt und ähnelt damit einem der Sterne des US-Banners. Es ist zwölf Meter hoch und besteht aus einem Säulengang im unteren Bereich und einer Plattform auf dem Dach des Bauwerks. In großen Lettern sind die Namen aller 50 US-Bundesstaaten angebracht. Im angrenzenden Museum wird man interaktiv und aus der Sicht von vier unterschiedlichen Personen durch die Geschichte des Zweiten Weltkriegs und insbesondere durch den Verlauf der Ardennenschlacht geführt.

Nördlich von Bastogne befindet sich bei dem Dorf **Recogne** ein deutscher **Soldatenfriedhof** (GPS: 50.049272, 5.741279) mit über 6.800 Gräbern.

CP 56 – Camping de Renval,
Rue de Marche 148,
6600 Bastogne,
www.campingderenval.be
(GPS: 50.002470, 5.695798).
Am westlichen Ortsrand von Bastogne befindet sich dieser einfache Campingplatz, der sich vorwiegend an Dauercamper richtet. Im hinteren Bereich gibt es jedoch einen breiten Grünstreifen an einer Baumreihe für Wohnmobiltouristen.

So viel Naturgenuss erhält man auf den Wohnmobiltouren durch Belgien.

Auch im tiefen Süden Belgiens finden wir einen Fluss, dem wir nicht nur einen Besuch abstatten, sondern dem wir auch zwischen den bewaldeten Hügeln der Ardennen folgen. Die **Semois** entspringt bei **Arlon**, der Hauptstadt der Provinz Luxemburgs nahe dem Land Luxemburg. Von dort mäandert der Fluss in Richtung Westen und mündet auf französischem Gebiet in die Maas. Von der Quelle bis zur Mündung sind es gerade einmal knapp 80 Kilometer Luftlinie. Doch die Länge des Flusses wird mit 210 Kilometern beziffert. Ein deutliches Zeichen dafür, wie der Fluss sich durch die südbelgische Landschaft schlängelt. Die Stadt Arlon ist trotz Hauptstadtstatus überschaubar. Der Grand Place kommt bei Weitem nicht „grand" daher, sondern ist eher ein kleiner, bescheidener Parkplatz im Stadtzentrum. Dennoch hat die Stadt einige, kleinere Sehenswürdigkeiten zu bieten. Da wäre zum Beispiel der Justizpalast am Place Léopold, der übrigens dreimal so groß ist wie der Grand Place. Sehr ungewöhnlich ist die Form der **St. Donatuskirche**, die sich auf dem höchsten Punkt der Stadt erhebt. Dieser Hügel wird als **Knippchen** bezeichnet und markiert das historische Zentrum der Stadt. Von ihm aus hat man an der Kirche einen schönen Ausblick über die Häuser der Stadt hinweg bis zum Horizont. Ein noch schöneres Panorama bis nach Luxemburg und Frankreich genießt man vom Kirchturm, der über 130 Stufen hinweg erklommen werden kann. Dabei passiert man auch die Glocken, die zu jeder vollen Stunde das Volkslied „À Arlon sur la Knippchen" spielen, das vor allen Dingen in der Region und im benachbarten Luxemburg bekannt ist. Von einigen Bewohnern der Provinz Luxemburgs wird es sogar als inoffizielle Hymne der Provinz bezeichnet. Knippchen ist die luxemburgische (lëtzebuergesche) Bezeichnung für eine kleine Beule, was angesichts des Hügels passend erscheint. Die Kirche stammt aus dem 17. Jahrhundert und ist ein Relikt aus dem ehemals hier bestehenden Kloster.

Da auch Arlon schon früh besiedelt und die Römer hier ansässig waren, zählt die Stadt ebenfalls zu den ältesten des Landes. Über die frühe Geschichte von Arlon berichtet das **Archäologische Museum** am Rande der Altstadt (www.museearcheoarlon.be). Außerhalb der Stadt bietet Arlon außerdem eine kleine grüne Wohlfühloase. Das **Arboretum** (GPS: 49.704471, 5.833882) ist komplett eingezäunt und zeigt sich mit einer Vielzahl an Pflanzenarten, die entlang der Wege durch das Gelände beschildert sind.

Touristinfo Arlon,
Rue des Faubourgs 2,
6700 Arlon,
Tel. +32 63/219454,
www.arlon-tourisme.be

SP 48 – Wohnmobilstellplatz Arlon,
Rue de Redange 55, 6700 Arlon (GPS: 49.690044, 5.818917). Fünf, leicht versetzt platzierte, einfache Stellflächen auf Asphalt, auf dem Gelände der örtlichen Feuerwehr. Maximale Aufenthaltsdauer 48 Stunden. Grundsätzlich ruhige Lage trotz der nahe gelegenen Hauptverkehrsstraße. Laut wird es natürlich bei einem Einsatz der Feuerwehr. Dringende Bitte auch von dieser: nur auf den fünf ausgewiesenen und deutlich markierten Stellflächen zu übernachten. In rund 20 Minuten ist man zu Fuß an der Kirche.

CP 57 – Camping Officiel Arlon,
Route de Bastogne 373, 6700 Arlon, www.campingofficielarlon.be (GPS: 49.702526, 5.807441). Klassischer Campingplatz mit großen Rasenflächen. Hinter einer Reihe von Wohnhäusern gelegen und dadurch ein wenig von der Hauptverkehrsstraße abgetrennt.

ENTLANG DER SEMOIS IM SÜDLICHSTEN LANDESTEIL

Von Arlon aus ist es nur ein Katzensprung in das Nachbarland Luxemburg und auch nur eine kurze Fahrt in die dortige Hauptstadt. Doch bevor wir uns dem kleinsten der Beneluxländer zuwenden, sollten wir noch einmal ansetzen und unser Wohnmobil in Richtung Westen steuern.

Zunächst ist die Landschaft noch relativ flach und die Semois kaum zu sehen, da sie noch sehr schmal ist. Sie berührt kleine, eher unbedeutende Ortschaften wie Tintigny und Chiny. Aber dann wird ihr Tal

Die Semois fließt unterhalb der Burg durch die Stadt Bouillon.

immer enger, kurvenreicher und grüner. Die Semois lädt Natur- und Sportbegeisterte zu gemütlichen Kanutouren ein, insbesondere am wohl schönsten Ort entlang des Flusses – **Bouillon**. Hier bildet die Semois abermals eine sehr enge Schleife. Fließt sie in Bouillon zuerst nach Norden, so ist ihr Lauf nach einer engen Kurve wieder nach Süden gerichtet. Dabei nähert sie sich selbst wieder an und in diesen 160 Metern Abstand erhebt sich ein Felsplateau, auf dem im 11. Jahrhundert die **Höhenburg Bouillon** errichtet wurde (www.bouilloninitiative.be). Sie besteht aus drei Teilen, die jeweils über eine Brücke miteinander verbunden sind. Vom oberen Burgturm aus genießt man bei einem Rundgang durch das Festungsgelände einen wunderbaren Ausblick auf die Ortschaft und auf die beiden parallel verlaufenden Semois-Täler.

Einen weiteren schönen Aussichtspunkt erkennt man auch vom Burgturm aus. Wer von dort in Richtung Norden und über Burg und Semois-Schleife blickt, sieht auf dem bewaldeten Hang einen hölzernen Aussichtsturm zwischen den Baumwipfeln in die Höhe ragen. Der in ungewöhnlicher Architektur errichtete Turm lässt sich im Rahmen einer Wanderung ab Bouillon erreichen und gibt ebenfalls einen fantastischen Ausblick preis. Übrigens, die Stadt steht in keiner Verbindung mit dem gleichnamigen Brühwürfel.

Auf dem weiteren Weg nach Frankreich fließt die Semois durch zahlreiche enge Schleifen und bildet ein wahres Paradies für Kanuten und Wanderer. Es gibt zwar keine durchgehende Straße durch das Tal, was für die dortige Erholung sicherlich hilfreich ist. Doch dafür gelangt man auf Stichstraßen immer wieder zur Semois, die hier an ihren Ufern auch jede Menge Campingplätze bereithält.

Außerdem bestehen zahlreiche Wandermöglichkeiten, über die die örtlichen Tourismusbüros informieren. Diese reichen von langen Tageswanderungen bis hin zu kleinen Rundtouren, die sich auch an Kinder richten. Beispielhaft wäre da die **Promenade des Legendes** in Laforêt bei Vresse-sur-Semois zu nennen. Sie führt an zahlreichen Puppen aus der Herstellung eines lokalen Ateliers entlang durch den Wald und beginnt an einem Brunnen im Ort, auf dem der Frosch **Pepe Crochet** sitzt (GPS: 49.861313, 4.927596).

i Touristinfo Bouillon,
Quai des Saulx, 6830 Bouillon,
Tel. +32 61/465211,
www.bouillon-tourisme.be

CP 58 – Camping de Chênefleur,
Norulle 16, 6730 Tintigny, www.chenefleur.be (GPS: 49.685135, 5.520748). Ruhiger, überschaubarer Campingplatz am Rande der kleinen Ortschaft Tintigny.

CP 59 – Camping Aux Deux Eaux,
Rue du Monument 19, 6730 Tintigny, www.campingauxdeuxeaux.be (GPS: 49.691896, 5.524397). Sehr kleiner, einfacher Campingplatz in ruhiger Lage an einem Zufluss der Semois.

Auf manchen Wanderwegen findet man interessante Skulpturen.

Camping in traumhafter Lage wie hier im Tal der Semois.

Ausblick auf den Campingplatz Arnocamps von dem Viadukt Herbeumont.

CP 60 – Camping Le Canada, Pont Saint-Nicolas, 6810 Chiny, www.campinglecanada.be (GPS: 49.738982, 5.350442). Ruhiger Campingplatz am Nordufer des Flusses. Direkt angrenzend befindet sich eine Kanu- und Kajakvermietung mit einfachem Einstieg in das Wasser.

CP 61 – Camping Ferme Equestre de Martué, Rue de Martué 49, 6821 Florenville, www.ferme-equestre-martue.be (GPS: 49.713149, 5.305808). Camping auf dem Bauernhof bzw. auf dem Pferdehof. Große Campingwiese in ruhiger Lage eines kleinen Dorfes, umgeben von Koppeln und Weiden.

CP 62 – Arnocamps, Rue du champ le monde n4, 6887 Herbeumont, www.arnocamps.com (GPS: 49.771876, 5.240464). Der langgestreckte Campingplatz befindet sich in ruhiger Lage am Ufer der Semois. Geprägt wird der Platz von dem 38 Meter hohen und 150 Meter langen Viadukt Herbeumont, das das Tal der Semois majestätisch überspannt. Doch keine Sorge, es herrscht trotzdem Ruhe. Die Brücke kann nur zu Fuß betreten werden, der einstige Eisenbahnverkehr wurde bereits 1969 eingestellt.

SP 49 – Wohnmobilstellplatz Herbeumont, Avenue Demarteau, 6887 Herbeumont (GPS: 49.777097, 5.237161). Wirkt wie ein inoffizieller Übernachtungsplatz, wird aber sogar vom örtlichen Tourismusbüro als Wohnmobilstellplatz angepriesen. Große Betonfläche für circa 30 Fahrzeuge. Entsorgungsstation vorhanden, maximale Aufenthaltsdauer 72 Stunden. Von hier aus folgt man in südlicher Richtung der ehemaligen Bahntrasse, die nach 500 Metern über das Viadukt Herbeumont verlief.

CP 63 – Camping Maka,
Route du Maka 100, 6880 Bertrix, www.campingmaka.be (GPS: 49.808643, 5.165198). Einfacher Stellplatz mit Parzellen direkt am Ufer der Semois.

SP 50 – Wohnmobilstellplatz Bouillon, Rue de la Poulie, 6830 Bouillon (GPS: 49.790683, 5.057973). Zum Stellplatz umgewidmeter Parkplatz mit Baumbestand neben einem Sportplatz. Ins Zentrum von Bouillon ist man nur eine Viertelstunde zu Fuß unterwegs. Ver- und Entsorgung sind vorhanden, für den Zugang zum Strom muss man sich in der Touristinfo einen Chip holen.

CP 64 – Camping Halliru,
Halliru 1, 6830 Bouillon (GPS: 49.791545, 5.047050). Campingplatz in Hanglage westlich von Bouillon. Einige der Parzellen liegen direkt am Fluss.

SP 51 – Wohnmobilstellplatz Poupehan, Rue du Pont, 6830 Bouillon (GPS: 49.808699, 5.004447). Einfacher, kommunaler Stellplatz für 20 Fahrzeuge auf Schotter mit wenig Abstand zueinander. Ver- und Entsorgung sowie Strom sind vorhanden. Für den Strom wird aber auch hier ein Chip benötigt, den man in der Touristinfo von Bouillon erhält. Maximale Aufenthaltsdauer 24 Stunden.

CP 65 – Camping Le Prahay,
Rue de la Chérizelle 48, 6830 Bouillon, www.camping-leprahay.com (GPS: 49.813958, 5.014521). Klassischer Campingplatz im Flusstal zwischen Bouillon und Poupehan. Im Ort existiert ein Bootsverleih.

SP 52 – Wohnmobilstellplatz Bouillon-Rochehaut, Le Routi 25, 6830 Bouillon (GPS: 49.841715, 5.011022). Abseits des Flusses und oberhalb des Tals befindet sich direkt neben der N893 der gepflegte Stellplatz. Zugang zu den parzellierten Stellflächen nur durch eine Schranke. Ver- und Entsorgung sowie Strom vorhanden. Tipp: Es lohnt sich, abends noch durch den Ort zu spazieren. Dann gelangt man zu einem Aussichtspunkt an der N819 (Route de Alle), von wo aus man einen schönen Blick auf das Semois-Tal genießt.

CP 66 – Camping Le Ban de Laviot,
Rue Laviot, 54, 6830 Rochehaut, www.bandelaviot.be (GPS: 49.825904, 4.987291). Großer, am Ufer der Semois gelegener, lang gestreckter Platz mit zahlreichen Parzellen direkt am Wasser.

CP 67 – Camping le Héron,
Rue de Lingue 50, 5550 Mouzaive, www.camping-le-heron.be (GPS: 49.854181, 4.952719). Campingplatz mit einer großen Anzahl an Dauercampern. Am Ufer gibt es aber auch einen eigenen Bereich für Wohnmobilisten und Durchreisende.

Das Viadukt Herbeumont aus anderer Perspektive.

CP 68 – Camping Confort,
Rue de Mont-les-Champs, 214,
5550 Bohan, www.camping-confort.be
(GPS: 49.873551, 4.883866).
Der letzte Campingplatz im Tal der Semois vor der französischen Grenze. Mehrere Parzellen liegen direkt am Ufer.

VON GROSSEN HÖHLEN UND SPANNENDEN BÜCHERDÖRFERN

Die Reise durch den tiefen Süden Belgiens sollte man nicht beenden, ohne vorher noch einen weiteren Fluss kennengelernt zu haben. Über eine Länge von fast 100 Kilometern windet sich die Lesse durch die Ausläufer der Ardennen, bevor sie südlich von Dinant in die Maas mündet. Der Hauptort ist Han-sur-Lesse mit einem quirligen Zentrum und der Kirche Saint-Hubert, die den Ort dominiert. Beliebteste Attraktion ist jedoch die hiesige **Tropfsteinhöhle** (www.grotte-de-han.be). Sie ist über 60 Meter hoch und fast 150 Meter lang, was sie zur größten Höhle Belgiens macht. Doch die Besonderheit der Höhle ist nicht nur ihre Größe, sondern auch die Tatsache, dass sie von der Lesse einmal komplett durchflossen wird. Rund einen Tag benötigt das Wasser der Lesse vom Höhleneingang bis zum Wiederaustritt ans Tageslicht. Schon Mitte des 19. Jahrhunderts machte man die Höhle für Besucher zugänglich. Aber so wie das Wasser der Lesse Zeit benötigt, um die Höhle zu durchqueren, so sollte man sich auch als Besucher Zeit nehmen. Denn erreicht wird die Höhle ab dem Ortszentrum mit einer schmalspurigen Straßenbahn. Anschließend geht es im Rahmen

Die hügelige Landschaft im Südosten Belgiens bietet auch jede Menge Höhlen.

einer Führung über eineinhalb Stunden zwischen Stalagmiten durch den Untergrund. Über 500 Stufen sind dabei zu überwinden. Man durchquert mehrere Säle, wovon der sogenannte Waffensaal sich 100 Meter unter dem Erdboden befindet.

Höhlenbesuch und danach Einkehr in Han-sur-Lesse.

Sowohl auf dem Weg von der Semois zur Lesse als auch in der Umgebung von Han-sur-Lesse bestehen folgende Übernachtungsmöglichkeiten:

SP 53 – Wohnmobilstellplatz Paliseul,
Rue de Framont 3, 6850 Paliseul (GPS: 49.905825, 5.140790).
Fünf großzügige Stellflächen neben einem Sportplatz in einem kleinen Ort rund 13 Kilometer nördlich von Bouillon.

SP 54 – Wohnmobilstellplatz Gedinne,
Rue de la Morie, 5575 Gedinne (GPS: 49.984241, 4.935650).
Großer Schotterplatz mit Ver- und Entsorgungsstation neben einem Sportplatz. Knapp eine halbe Autostunde südwestlich von Han-sur-Lesse gelegen.

Die Wahrheit ist irgendwo da draußen...

Auch das kleine Dorf **Redu** befindet sich ungefähr auf halber Strecke zwischen den Flüssen Semois und Lesse. Redu hat keine klassische Sehenswürdigkeit zu bieten, sondern ist vielmehr eine eigene Sehenswürdigkeit. 20 Antiquariate und Buchhandlungen bei nur 400 Einwohnern machen Redu zu einem sogenannten Bücherdorf. Die meisten angebotenen Bücher sind französischsprachig, dennoch lohnt es sich, einen Stopp einzulegen und bei einem Rundgang zwischen den Antiquariaten die Seele baumeln zu lassen. Und vielleicht findet ja doch ein Buch seinen Weg in den Bücherschrank des Wohnmobils. Auf dem Weg nach Redu wird man die zahlreichen Satellitenschüsseln am Ortsrand kaum übersehen können. Sie gehören zu einer Satelliten-Bodenstation der Europäischen Weltraumorganisation ESA. Einige der Satellitenschüsseln haben einen Durchmesser von bis zu 15 Metern. Eine Besichtigung oder Führung durch die Anlage ist nicht möglich. Dafür kann man jedoch nur sechs Kilometer entfernt das **Eurospace Center** an der Autobahn A4 besuchen (www.eurospacecenter.be, GPS: 50.007131, 5.220476). Hier bekommt man auf interessante und spielerische Art und Weise einen Eindruck von der Raumfahrt sowie vom Weltall

Leseratten und Bücherwürmer werden sich in Redu wohlfühlen.

vermittelt. Unter anderem kann man beim Moonwalk und beim Marswalk die jeweilige Schwerkraft auf diesen Himmelskörpern am eigenen Leib erfahren.

SP 55 – Wohnmobilstellplatz Redu, Rue de Saint-Hubert 7, 6890 Libin-Redu (GPS: 50.008887, 5.163665). Einfacher, geschotterter Stellplatz mit Ver- und Entsorgung sowie Strom. Rund 20 Kilometer südlich von Han-sur-Lesse gelegen.

SP 56 – Wohnmobilstellplatz Han-sur-Lesse, Rue de la Lasse, 5580 Han-sur-Lesse (GPS: 50.127740, 5.188235). Einfacher Stellplatz am Rande des Ortes mit Blick in die Felder und dennoch keine 250 Meter vom Ausgangspunkt für den Besuch der Tropfsteinhöhle von Han entfernt. Strom, Wasser, Ver- und Entsorgung sowie ein Sanitärgebäude sind vorhanden.

CP 69 – Camping Le Pirot, Rue de Charleville, 5580 Han-sur-Lesse (GPS: 50.126572, 5.184866). Kleiner, einfacher Campingplatz am Ufer der Lesse und ebenfalls nur wenige Gehminuten bis zum Ausgangspunkt für den Besuch der Höhle.

CP 70 – Camping Grottes de Han, Rue du Grand Hy, 5580 Han-sur-Lesse, www.grotte-de-han.be (GPS: 50.123544, 5.186126). Größerer, gepflegter Campingplatz am Südrand der Ortschaft, ebenfalls am Flussufer und auch keine 300 Meter vom Ausgangspunkt für die Höhlentour entfernt.

Mit Han-sur-Lesse haben wir unsere große Rundtour durch den Süden Belgiens absolviert. Zwischendurch hatten wir bei Bedarf bereits die Gelegenheit, in das Nachbarland Luxemburg zu wechseln.

Gemütlichkeit wird in den kleinen Dörfern groß geschrieben.

Weite Landschaft östlich von Liège/Lüttich.

In Gedenken an die gefallenen Soldaten der USA.

Doch wir haben noch immer einen Teil Belgiens vor uns, der vielleicht sogar zu den schönsten gehört – den Osten Belgiens. Von Lüttich bzw. Liège aus reisen wir ostwärts in Richtung Eupen und damit in die Region einer deutschsprachigen Minderheit.

Auf dem Weg nach Eupen haben wir zwei Möglichkeiten. Entweder besuchen wir die Stadt **Verviers** mit ihren Bürgerhäusern und dem im Jugendstil errichteten Bahnhofsgebäude, oder wir befassen uns noch einmal mit der Ardennenoffensive. Bei Bastogne haben wir zwar das Denkmal und einen deutschen Soldatenfriedhof besucht, doch ein dazugehöriger amerikanischer Soldatenfriedhof blieb bisher aus. Ein solcher befindet sich sechs Kilometer nördlich der Autobahn A3 zwischen Liège und Aachen (GPS: 50.695559, 5.899611). Fast 8.000 gepflegte Gräber mit ihren typischen weißen Kreuzen auf dem **Henri-Chapelle American Cemetery and Memorial** erinnern an die Schrecken des Zweiten Weltkrieges und regen auch hier wieder zum Nachdenken an.

IM OSTEN BELGIENS SPRICHT MAN DEUTSCH

Mit der nächsten Stadt, **Eupen**, erreichen wir den deutschsprachigen Teil Belgiens. Diese Region erstreckt sich entlang der deutsch-belgischen Grenze und ist mit ihren neun Gemeinden und fast 80.000 Einwohnern die kleinste der drei politischen Gemeinden des Landes. Dabei handelt es sich von Nord nach Süd um: Kelmis,

Rund um das Hohe Venn befinden sich mehrere Stauseen.

Lontzen, Raeren, Eupen, Bütgenbach, Büllingen, Amel, St. Vith und Burg-Reuland.

Eupen besitzt eine quirlige Innenstadt mit einigen Einkaufsstraßen und zahlreichen Straßencafés sowie Restaurants, hat jedoch keine Fußgängerzone. Zu den zentralen Straßen gehört die Gospertstraße, die von einigen Patrizierhäusern flankiert wird. Am Beginn der Gospertstraße befindet sich das Tuchmacherhaus Mennicken, das Mitte des 18. Jahrhunderts erbaut wurde und seinerzeit das größte Tuchhaus der Stadt war. Das Haus Nummer 56 in der Gospertstraße, auch als Haus Nyssen bezeichnet, steht unter Denkmalschutz und gilt als eines der ältesten Patrizierhäuser der Eupener Tuchhändler. Ähnlich sehenswert ist auch das angrenzende Bauwerk, in dem mittlerweile das **Stadtmuseum Eupen** untergebracht ist (www.stadtmuseum-eupen.be). Es informiert in moderner Art und Weise über die Stadtgeschichte und insbesondere über die Geschichte der Tuchindustrie Eupens. Weiter durch die Gospertstraße gelangt man zur Friedenskirche, die Mitte des 19. Jahrhunderts im neogotischen Stil aus Bruchsteinen errichtet wurde. Etwas ungewöhnlich wirkt an diesem Kirchengebäude die eisern geschmiedete Turmspitze, die auf dem quadratischen Grundriss des Turms aufgesetzt ist. Ein weiteres sakrales Gebäude findet man nur wenige Schritte entfernt am Markplatz. Die St. Nikolauskirche glänzt mit ihren Doppeltürmen und entstand als Renaissancekirche in der ersten Hälfte des 18. Jahrhunderts. Nur wenig jünger ist der sehenswerte Hochaltar im Stil des Barock.

Einen besonders schönen Blick auf die Kirche, die Stadt und auf die leicht hügelige Umgebung hat man vom Park **Moorenhöhe** im Süden Eupens. Im Westen der Stadt präsentiert sich im Ortsteil Stockem eine gleichnamige Burg mit ihren zwei Rundtürmen. Zwar ist das Bauwerk, so wie man es heute von außen besichtigen kann, im 18. Jahrhundert errichtet worden, doch bereits im 14. Jahrhundert findet man Hinweise auf eine Burg an derselben Stelle.

Eupen ist darüber hinaus ein guter Ausgangspunkt für Touren in das südlich angrenzende Hohe Venn und in das Wesertal. Die Weser fließt im Süden Eupens und wird östlich der Stadt zur **Wesertalsperre** (GPS: 50.622297, 6.091738) gestaut. Sie ist seit der Fertigstellung der Staumauer im Jahr 1950 die wichtigste Trinkwassertalsperre Belgiens. Das Wasser stammt aus dem Hohen Venn und zwar in Form der bereits erwähnten Weser und dem Getzbach sowie aufgrund einer unterirdischen Verbindung mit dem Bach Hill.

Ein weiterer besuchenswerter See ist etwas oberhalb der Weser, also im Südwesten von Eupen, die **Gileppe-Talsperre** (GPS: 50.588424, 5.970154). Sie ist deutlich älter als die Wesertalsperre und entstand bereits in der zweiten Hälfte des 19. Jahrhunderts. Die Pläne hierzu sind noch viel älter und wurden entworfen, um die Wasserversorgung für die

Bei einer Wanderung um die Seen erhascht man immer schöne Aussichten.

damalige Tuchherstellung sicherstellen zu können. 1971 wurde eine neue und 15 Meter höhere Staumauer errichtet, die den See ebenfalls zu einem beliebten Ausflugsziel macht. Dazu gehört auch der hiesige Aussichtsturm und die 13 Meter hohe Skulptur des steinernen Löwen, der als Wahrzeichen der Talsperre stolz mitten auf der Staumauer hockt.

Touristinfo Eupen, Marktplatz 7, 4700 Eupen, Tel. +32 87/553450, www.eupenlives.be

SP 57 – Wohnmobilstellplatz Gileppe-Talsperre, Route de la Gileppe, 4845 Jalhay (GPS: 50.587592, 5.969716). Sehr einfacher Stellplatz an der Talsperre für vier Wohnmobile.

CP 71 – Camping Wesertal, Membach, Rue de l'Invasion 68, 4837 Baelen, www. camping-wesertal. com (GPS: 50.612150, 6.011592). Einfacher, kleiner und freundlicher Campingplatz südwestlich von Eupen. Die Ortschaft erreicht man bei leichter Steigung mit dem Fahrrad in einer guten Viertelstunde. Ruhige Waldrandlage.

SP 58 – Wohnmobilstellplatz Kelmis, Galmeiplatz, 4720 Kelmis (GPS: 50.715761, 6.009876). Kommunaler Stellplatz in der kleinen Ortschaft Kelmis im Norden von Ostbelgien. Das Dreiländereck Vaalserberg ist mit dem Fahrrad in einer halben Stunde erreichbar.

INTERESSANTE RADTOUR AUF DER VENNBAHNTRASSE

Hier im grenznahen Gebiet zu Deutschland lohnt es sich, einen Blick auf eine in Europa einmalige Grenzbesonderheit zu werfen. Insbesondere diejenigen, die im Stauraum ihres Wohnmobils ein Fahrrad mit sich führen, haben die Möglichkeit, eine interessante Radtour zu erleben. Belgien besitzt ein ausgedehntes Radwegenetz namens **RAVeL**. Die Abkürzung steht für Réseau Autonome de Voies Lentes und bezeichnet ein Radwegenetz bestehend aus stillgelegten Bahntrassen, Treidelwegen und sonstigen autofreien Strecken. Eine ganz ungewöhnliche ehemalige Bahntrasse, auf der man heute radeln kann, ist die **Vennbahntrasse**. Die Bahnstrecke verlief einst von Aachen nach Ulflingen in Luxemburg. Dabei verband sie Ortschaften wie Monschau in der Eifel, St. Vith und Eupen. Nach Ende des Ersten Weltkrieges und den damit verbundenen neuen Grenzverläufen lag die Strecke nun sowohl auf belgischem als auch auf deutschem Gebiet. Doch 1920 wurde international vereinbart, dass die Bahntrasse komplett im belgischen Besitz verbleiben sollte. Diese Regelung gilt bis heute, obwohl seit 1989 kein Zug mehr auf der Strecke fährt, die Gleise entfernt und durch einen asphaltierten

Wer das Fahrrad aus der Heckgarage holt, wird auf den RAVeL-Radwegen Freude haben.

Radweg ersetzt wurden. Das bedeutet, dass der Radweg auf seiner Breite von circa fünf Metern komplett belgisches Territorium ist, auch wenn er durch Deutschland verläuft und insbesondere durch die deutsche Ortschaft Roetgen. Das führt zu solchen Kuriositäten wie der Tatsache, dass man zum Beispiel auf dem belgischen Radweg die deutsche Bundesstraße B258 unterquert und diese mitten in Roetgen sogar überquert (GPS: 50.647691, 6.184119), obwohl man sich weiterhin auf belgischem Staatsgebiet befindet. Des Weiteren entstanden hierdurch fünf deutsche Exklaven. Sie liegen westlich der Bahntrasse und sind durch diese vom restlichen Gebiet der Bundesrepublik abgetrennt. Idealerweise hat man entlang der Bahntrasse einige Informationsschilder aufgestellt und Picknickplätze angelegt, die an kleine Bahnhöfe bzw. Haltepunkte erinnern. Ausschließlich auf belgischer Seite kann man die Vennbahntrasse auch auf ganz andere Weise kennenlernen. Zwischen der belgischen Ortschaft Sourbrodt und dem Grenzübergang zum deutschen Kalterherberg lässt sich die Strecke auch mit einer **Draisine** befahren (www.railbike.be, GPS: 50.520023, 6.206006).

Ein Teil der Vennbahntrasse kann man auch mit der Draisine befahren.

Die raue Schönheit des Hohen Venns erlebt man in allen Jahreszeiten.

Auf Holzbohlenwegen lernt man das Venn kennen.

WANDERTOUREN AM HÖCHSTEN PUNKT BELGIENS – IM HOHEN VENN

Mit **Sourbrodt** wären wir aber dann schon südlich des Hohen Venns, das sich nach Norden hin bis Eupen erstreckt. Dabei sollte man das Hohe Venn auf keinen Fall verpassen oder gar umrunden. Es handelt sich um eine Hochfläche, die den Übergang zwischen den Ardennen und der Eifel markiert. Diese Hochfläche erstreckt sich südlich von Eupen bis Malmedy und im Osten noch ein Stück über die deutsch-belgische Grenze hinaus. Um das Hohe Venn von Nord nach Süd zu erleben, folgt man ab dem Kreisverkehr im südlichen Eupen (GPS: 50.622092, 6.039179) der N68. Es dauert nicht lange, bis man die Ortschaft hinter sich lässt und die Straße deutlich ansteigt. Durch das waldreiche Gebiet fährt man an verschiedenen Wanderparkplätzen vorbei, so zum Beispiel am Parkplatz Drossart (GPS: 50.548242, 6.057175) und am Parkplatz Baraque Michel (GPS: 50.518863, 6.063390) bis zum Parkplatz Mont Rigi (GPS: 50.510768, 6.076740).

Das **Hohe Venn** bietet in seinem gesamten Gebiet zahlreiche Wandermöglichkeiten, die zum Teil jedoch eingeschränkt sind. Aus Gründen des Naturschutzes ist das Hohe Venn in vier Zonen eingeteilt. In Zone A darf jeder wandern, der zwei oder vier Beine hat. In Zone B haben Hunde keinen

Zutritt. Zone C ist Zweibeinern nur mit einem Wanderführer zugänglich und Zone D ist ausschließlich der Natur vorbehalten. Im höher gelegenen Bereich des Hohen Venns, also im Umfeld von Baraque Michel bis hin zum Signal de Botrange ist die Landschaft von Hochmooren geprägt und oftmals nur über Holzbohlenwanderwege zugänglich.

Ab **Baraque Michel** kann man zum Beispiel in westliche Richtung an der kleinen Kapelle Fischbach entlang durch eine raue und wunderschöne Moorlandschaft bis in die Wälder hinein wandern. Dabei kommt man unter anderem am **Kreuz der Verlobten** vorbei. Das Hohe Venn beherbergt zahlreiche Kreuze und Gedenksteine, die an tragische Schicksale erinnern. Das Kreuz der Verlobten gedenkt einem jungen Pärchen des Jahres 1871, die im Winter aufgebrochen waren, um die Hochzeitspapiere im Geburtsort der Braut abzuholen. Auf dem Rückweg verirrten sie sich jedoch und kamen in der Kälte ums Leben. Ihre Leichen fand man erst zwei Monate später bei der Schneeschmelze. Im Jahr 2019 wurde am Fundort der Braut das Holzkreuz bereits zum vierten Mal erneuert. Das Kreuz der Verlobten ist eines der berühmtesten Kreuze im Hohen Venn. Im Jahr 2019 wurde bekannt, dass eine an dieses Schicksal angelehnte Geschichte verfilmt werden soll.

Überquert man am Baraque Michel die Straße, kann man in östliche Richtung ebenfalls durch

Man muss auch auf einem Holzbohlenweg aufpassen, wo man hintritt.

Die Landschaft im Hohen Venn besteht aus Mooren und viel Wasser.

eine begeisternde Hochmoorlandschaft wandern und dabei weite Fernblicke bis nach Deutschland genießen. Auf kilometerlangen Stegen geht man durch eine beinahe unwirklich erscheinende Szenerie. Man kann dabei verschiedene Rundwege absolvieren. Wer nur wenig Zeit für das Hohe Venn mitbringt oder körperlich nicht in der Lage zu langen Tageswanderungen ist, der findet am Mont Rigi eine relativ kleine Rundtour, die mit einigen Informationstafeln die Region erläutert und die man als Einsteigerrunde in das Hohe Venn bezeichnen könnte. Der Weg ist auch ab Baraque Michel erreichbar. Einfach an der Kapelle Fischbach nicht in Richtung Kreuz der Verlobten, sondern links 700 Meter schnurgerade durch den Wald wandern, bis dieser sich lichtet.

Am Mont Rigi zweigt die N676 von der N68 ab und führt nach Sourbrodt. Kurz nach dem Abzweig erreicht man den Parkplatz am **Signal de Botrange** (GPS: 50.501408, 6.093328). Nicht nur, dass auch hier ein Ausgangspunkt für wunderbare Wanderungen im Hohen Venn liegt, es gibt sogar eine hölzerne Aussichtsplattform auf der anderen Straßenseite, von der aus man einen guten Ausblick auf die Moorlandschaft hat. Signal de Botrange ist ein idealer Ausgangspunkt für Wandertouren in das Quellgebiet der **Rur**. Die Rur hat die Eigenschaft, dass sie sich nur mit der Quelle und der Mündung in den Beneluxstaaten befindet. Der größte Teil des Flusses verläuft durch Deutschland und ist dort ein wesentlicher Bestandteil der dortigen Rureifel. Allerdings endet die Rur nicht in Belgien, sondern mündet im niederländischen Roermond in die Maas (siehe Band 2: "Abseits der Küste – Binnenland im Dreieck Apeldoorn, Breda und Maastricht").

Ganz nebenbei bemerkt befindet man sich am Signal de Botrange in einer Höhe von 694 Metern, und damit nicht nur auf dem **höchsten Punkt Belgiens,** sondern zugleich auf dem höchsten Punkt aller drei Beneluxstaaten. Am Waldrand sieht man einen kleinen Hügel, der über eine Treppe bestiegen

Höher hinaus gelangt man in Belgien nicht.

Rauschende Bäche...

werden kann. Er wurde nach dem belgischen General Herman Baltia benannt und eigens deswegen angelegt, damit man auf der Höhe von 700 Metern stehen kann.

Der daneben errichtete Turm kann leider nicht besichtigt werden. Wer aber der Straße ein Stück weiter südwärts folgt, biegt wenig später rechts in den Wald ab und erreicht den Parkplatz am **Naturschutzzentrum Hohes Venn** (www.botrange.be, GPS: 50.501408, 6.093328). Hier erhält man zahlreiche Informationen, Wanderkarten, Wanderführer und Tipps für das weitläufige Hohe Venn. So erfährt man auch von Wandermöglichkeiten zu weiteren Kreuzen und Gedenksteinen, unter anderem zum Propeller eines Kampffliegers, der im Zweiten Weltkrieg über dem Hohen Venn abgestürzt war.

An dieser Stelle lohnt sich übrigens die weitere Fahrt aus dem Hohen Venn hinaus und hinab in den nahe gelegenen Ort **Robertville**. Mit größeren Wohnmobilen hat man etwas Schwierigkeiten, hier (GPS: 50.454964, 6.122787) zu parken, aber der Besuch der kleinen familiär geführten Bäckerei lohnt sich. Neben zahlreichen süßen Köstlichkeiten gibt es den belgischen Reiskuchen bzw. Reisfladen zu kaufen.

Doch wir reisen auch noch einmal zurück nach Eupen. An besagtem Kreisverkehr verläuft die dortige N67 durch Teile des Hohen Venns. Es geht zwar nicht mehr so hoch hinaus, doch man gelangt hier zum **Haus Ternell** (www.ternell.be, GPS: 50.585903, 6.130324), einem weiteren Naturschutzzentrum. Wandermöglichkeiten gibt

... und eine gute Beschilderung...

es hier jede Menge, jedoch mehr waldreich und weniger moorlastig. Wer weitere Holzbohlenwege und Touren durch das klassische Venn bevorzugt, der folgt der Straße weiter in Richtung Mützenich. Kurz vor der deutschen Grenze befindet sich auf der linken Seite der Parkplatz Nahtsief (GPS: 50.568092, 6.180560), Ausgangspunkt für Wanderungen durch das **Brackvenn** und bis zum **Imgenbroicher Venn**. Zum Teil wandert man hier grenzüberschreitend, zum Beispiel, wenn man zum Felsen namens Kaiser Karls Bettstatt unterwegs ist und den dort in der Nähe stehenden Aussichtsturm erklimmt. Der Name des Felsen rührt übrigens von einer Legende her, nach der Kaiser Karl hier bei einem Aufenthalt eine Pause eingelegt haben soll.

...machen das Wandern zum Vergnügen.

Wer auf der Hochfläche des Hohen Venns bei Mont Rigi der N68 folgt, verlässt ebenfalls das Hohe Venn und gelangt in die Stadt **Malmedy**. Auch Malmedy bietet eine kleine, quirlige Innenstadt mit zahlreichen Einkehr- und Einkaufsmöglichkeiten. Bekannt ist die Stadt für die nahe gelegene Autorennstrecke **Spa-Franchorchamps**. Die Formel-1-Strecke, auf der Michael Schumacher sechs Erfolge feierte, ist heute sieben Kilometer lang und begeisterte bereits in den 1920er-Jahren Rennsportfreunde. Durch die örtliche Nähe zum Hohen Venn sind die Fahrgeräusche bei Trainingsrunden oder Veranstaltungen zum Leidwesen der Wanderer aber auch im Hochmoor zu hören. Ein kleines Museum informiert über die Geschichte der Autorennstrecke, es befindet sich im nahe gelegenen Ort **Stavelot** (www.musee-circuit.be, GPS: 50.394237, 5.931084). Es ist in der zentral gelegenen alten Abtei untergebracht und nur eines von drei Museen im historischen Gebäudekomplex. Die beiden anderen befassen sich mit der Abtei selbst und mit dem Leben und Wirken des Lyrikers Guillaume Apollinaire, der eine Zeit lang in Stavelot lebte. Vor dem Gebäude befinden sich die Ruinen der einstigen Abteikirche, die Ende des 18. Jahrhunderts zum Großteil abgetragen wurde.

Westlich von Stavelot befindet sich das zur Gemeinde gehörende Dorf Coo (GPS: 50.392156, 5.875532). Dieses wird deutlich

Auch die Wasserfälle von Coo rauschen.

Von der Abtei in Stavelot spaziert man direkt in die Altstadt.

von Freizeitmöglichkeiten dominiert. Dazu zählt zum Beispiel ein klassischer Hochseilparcours, aber auch der Freizeitpark **Plopsa Coo** (www.plopsacoo.be, GPS: 50.394915, 5.877626). Letzterer wurde in den 1970er-Jahren eröffnet und begeistert mit seinen Fahrgeschäften vor allen Dingen die jüngeren Menschen. Ein beliebtes Besucherziel sind aber auch die **Wasserfälle von Coo**. Sie sind nicht natürlichen Ursprungs, wurden im 15. Jahrhundert angelegt und im 18. Jahrhundert erweitert. Dennoch gelten sie mit ihrer Höhe von 15 Metern zu den höchsten Kaskaden des Landes.

Touristinfo Malmedy,
Place Albert Ier 29, 4950 Malmedy,
Tel. +32 80/330250,
www.ostbelgien.eu

Touristinfo Stavelot,
Cour-de-l'Abbaye 1, 4970 Stavelot,
Tel. +32 80/862706,
www.tourismestavelot.be

SP 59 – Wohnmobilstellplatz Hohes Venn, N676, Signal de Botrange (GPS: 50.501129, 6.093523).
Das Hohe Venn hat keinen offiziellen Wohnmobilstellplatz, doch das Übernachten auf dem Schotterparkplatz am Signal de Botrange wird geduldet. Keinerlei Ausstattung.

CP 72– Camping La Plage,
Route des Bains 33,
4950 Waimes, www.campinglaplage.be
(GPS: 50.449980, 6.117213).
Kleiner und zum Teil enger Campingplatz an einem See bei Robertville südlich vom Hohen Venn.

CP 73 – Camping Anderegg, Bruyères 4, 4950 Waimes, www.campinganderegg.be (GPS: 50.439172, 6.118294). Abseits vom Hohen Venn und von den Seen, dennoch in ruhiger Landschaft und dafür mit großzügigen Parzellen.

CP 74 – Camping Du Moulin, Route de la Vallée 36, 4960 Malmedy, www.campingmalmedy.be (GPS: 50.443212, 6.046725). In ruhiger Waldlage befindlicher Campingplatz mit großzügig dimensionierten und durch Hecken abgeteilten Parzellen. Malmedy erreicht man mit dem Fahrrad in zehn Minuten.

SP 60 – Wohnmobilstellplatz Malmedy, Avenue de la Gare 28, 4960 Malmedy (GPS: 50.422863, 6.030658). Einfacher, kommunaler Stellplatz am Bahnhof von Malmedy. Durch die zentrale Lage nachts unruhig. Dafür ist das Stadtzentrum nur fünf Minuten Fußweg entfernt. Strom sowie Ver- und Entsorgung sind vorhanden. Direkt am Platz verläuft eine der RAVeL-Strecken, auf der man zum Beispiel nach Weismes und zur Vennbahntrasse gelangt. In die andere Richtung führt die Trasse idealerweise bis Stavelot.

SP 61 – Wohnmobilstellplatz Weismes, Merkem 4, 4950 Waimes, www.lafaitafondue.com (GPS: 50.395662, 6.070082). Stellplatz mit Ver- und Entsorgung sowie Strom und Wifi auf dem Parkplatz eines Restaurants. Direkt neben der N62 gelegen, aber ideal für eine Zwischenübernachtung mit Einkehrmöglichkeit.

Auf der Vennbahntrasse kann man entspannt nach Deutschland radeln.

Ausblick von der Burg-Reuland auf das unterhalb gelegene Dorf.

Zum Abschluss unserer Reise kommen wir noch einmal zur Vennbahntrasse zurück. Sie lässt sich nicht nur innerhalb Deutschlands erleben, sondern auch ganz ohne Grenzkuriositäten innerhalb Belgiens. In südliche Richtung durchquert sie zum Beispiel Dörfer der Gemeinde Amel und passiert dabei die sehenswerte **Freiherr-von-Korff-Brücke** im Ort **Born** (GPS: 50.332817, 6.118997). Sie ist das letzte erhalten gebliebene Brückenbauwerk der anderen Bahntrasse und stammt aus dem Jahr 1916. Besonders beeindrucken ihre elf Bögen auf einer Länge von fast 300 Metern. Entlang der Vennbahntrasse gibt es eine Stelle, an der man das Fahrrad hinauf auf die Brücke schieben und das Bauwerk von oben betrachten kann.

Noch weiter südlich gelangt man nach **St. Vith**. Wie schon rund um Bastogne trifft man auch hier immer wieder auf Relikte aus der Ardennenoffensive des Zweiten Weltkriegs. Auch St. Vith stand im Mittelpunkt der Schlacht, die stolze St.-Vitus-Kirche im Ortskern stammt aus der Nachkriegszeit. Sie ersetzte eine gotische Kirche, die an Weihnachten 1944 komplett zerstört wurde.

Zu guter Letzt erreichen wir entweder mit dem Wohnmobil oder im Fahrradsattel auf der Vennbahntrasse die kleine Ortschaft **Burg-Reuland**. Sie ist die südlichste deutschsprachige Gemeinde Belgiens und beherbergt eine kleine Burgruine, von der aus man einen schönen Ausblick auf den Ort genießen kann. Parken kann man in der Nähe (GPS: 50.195428, 6.138425). Von hier aus ist es nur ein Katzensprung in das Nachbarland Luxemburg.

i **Touristinfo Burg-Reuland,**
Von-Orley-Straße, 24,
4790 Burg-Reuland,
Tel. +32 80/329131,
www.reuland-ouren.be

Luxemburg zeigt wahre Märchenschlösser, wie hier in Vianden.

1. Luxemburgs Norden – Wandern durch malerische Landschaften

Der Norden Luxemburgs ist geprägt vom Ösling, dem luxemburgischen Teil der Ardennen. Sanft hügelig präsentiert sich die Landschaft mit mehreren Flüssen und zahlreichen Burgen. Beide Naturparks des Landes, der Naturpark Our und der Naturpark Obersauer, liegen im Norden des Großherzogtums. Sie tragen beide die Namen der Flüsse, die den jeweiligen Naturpark prägen. Zahlreiche Wandermöglichkeiten ergeben sich in den geschützten und zum Teil auch sehr abgeschiedenen Flusstälern. In ihrem Verlauf treffen sie aufeinander, nachdem an ihren Ufern jede Menge Campingplätze eine ruhige Übernachtungsmöglichkeit bieten konnten. Mit den Burgen von Vianden, Bourscheid und Beaufort sowie dem Schloss Clervaux zeigt sich auch die historische Schönheit des Landes auf engem Raum. Doch einer der natürlichsten Höhepunkte Luxemburgs ist der Wasserfall namens Schiessentümpel. Ihn erreicht man am besten mit Wanderschuhen, in diesem Fall auf dem beliebten Mullerthal-Trail in der sogenannten Luxemburgischen Schweiz.

Der Schießentümpel im Mullerthal ist einfach nur bezaubernd.

Herzlich Willkommen im kleinsten der drei Benelux-Staaten.

Unser zweites Land auf der Reise durch Benelux ist zwar klein, hat jedoch jede Menge zu bieten. Trotzdem ist der Abschnitt hier in diesem Wohnmobilreiseführer deutlich kürzer gefasst, man benötigt auch weniger Zeit als für die beiden anderen Staaten. Zur Verdeutlichung: **Luxemburg** würde fast zwölfmal in das Staatsgebiet von Belgien passen und glatt 16-mal in die Fläche der Niederlande. Beginnen wir unsere Reise durch das kleinste der Beneluxstaaten doch an seinem **nördlichsten Punkt** (GPS: 50.182793, 6.024755). An einem Kreisverkehr, noch in Belgien, überquert man die Grenze und biegt gleich dahinter links ab zu einem Discounter, der mitten zwischen den Feldern liegt. Nur zwei einfache historische Pfosten markieren hier die Grenze zwischen Belgien und Luxemburg. Der Blick nach Norden reicht über die belgischen Felder hinweg und eigentlich – so sollte man bei einem Blick auf die Karte meinen – dürfte hier nur wenig los sein. Die nächstgrößere Ortschaft ist Huldingen mit ein paar Hundert Einwohnern. Trotzdem herrscht hier reger Verkehr auf den Straßen, denn gegenüber der Straße 7 erstreckt sich ein großes Einkaufszentrum bis an die Grenze heran. Das **Knauf Shoppingcenter** richtet sich an alle, die günstig tanken möchten oder Alkohol und Zigaretten kaufen wollen. Darüber hinaus gibt es auch die klassischen Geschäfte und Boutiquen, aber der Schwerpunkt liegt nun mal im günstigen Einkauf der genannten Produkte.

Nachdem wir also das Wohnmobil günstig vollgetankt haben, fahren wir weiter in das Landesinnere hinein. Drei Kilometer weiter können wir die Straße 7 kurz nach rechts verlassen (GPS: 50.157688, 6.037187). Allerdings ist der schmale Weg nur sehr kleinen Wohnmobilen bzw. Kastenwagen zu empfehlen. Fahrer von Dickschiffen sollten lieber auf den Besuch des **Kneiffs** verzichten. Alle anderen halten exakt an den Koordinaten an und sehen eine kleine Bodenmarkierung. An dieser Stelle befindet man sich an der höchsten Stelle Luxemburgs. Der Kneiff gilt mit seinen knapp 560 Metern als der höchste Berg des Landes. Wobei der Begriff „Berg“ ein wenig hoch gegriffen ist. Diese sanfte Erhebung in der leicht hügeligen Landschaft würde man nicht als höchsten Punkt des Landes wahrnehmen. Im Übrigen wird diese Landschaft als Ösling bezeichnet, die als ein Teil der Ardennen gilt.

An dieser Stelle haben wir nach nur drei Kilometern Fahrt gleich zwei Extrempunkte von Luxemburg kennengelernt: den nördlichsten und den höchsten Punkt des Großherzogtums.

Wer im Knauf Shoppingcenter nicht das erhalten hat, was er wollte, der kann gleich im Anschluss noch einmal einen Einkaufsstopp einlegen. Das **Shoppingcenter Massen** folgt gleich hinter dem nächsten Kreisverkehr.

An diesem Kreisverkehr hat man übrigens die Qual der Wahl. Folgt man der Straße nach Norden, so ist man sofort in Belgien. Für die Fahrt durch Luxemburg bleiben daher die beiden nach Süden abzweigenden Straßen. Zum einen wäre da die Straße 12, auf der man durch den westlichen Landesteil südwärts reist, und zum anderen die E421 bzw. die Straße 7, die mehr in den Osten führt. Das klingt jetzt zunächst nach einer schwierigen Streckenentscheidung. Doch in der Realität sieht das so aus:, Beide Straßen liegen gerade einmal rund zehn Kilometer auseinander, und oft genug sind sie durch kleinere Landstraßen miteinander verbunden. Ein stures Abfahren einer Straße ist daher nicht notwendig. In diesem Kapitel wird das Land von Nord nach Süd beschrieben und dabei eine gewisse Flexibilität vorausgesetzt, mal von einer Hauptstraße zur anderen zu wechseln.

Am nördlichsten Punkt Luxemburgs blickt man nach Belgien.

STIPPVISITE IN BELGIEN UND IM TAL DER OUR

Fürs Erste fahren wir aber nun auf der Straße 7 am Shoppingcenter vorbei und erreichen gleich darauf das kleine Dorf **Weiswampach**. Der Ort bietet im Westen zwei kleinere Seen (GPS: 50.136634, 6.067173), von denen einer als Badesee genutzt werden kann. Es gibt dort auch einen Tretbootverleih und in der Vergangenheit war sogar einen Campingplatz vorhanden, der jedoch leider geschlossen wurde. Ob er zukünftig wieder öffnen oder ob eine andere Freizeiteinrichtung seinen Platz einnehmen wird, bleibt abzuwarten. An der Hauptkreuzung im Ort kann man auf den kleinen Urenerweeg einbiegen, der leicht zu übersehen ist. Er führt schnell aus Weiswampach hinaus und durch die Felder bis zu einer **Kapelle** auf der linken Seite (GPS: 50.141384, 6.113294). Gleich neben der Kapelle verläuft nicht nur die Grenze zu Belgien, sondern man wird wieder einmal, wie schon im Nachbarland zuvor, auf die Geschehnisse des Zweiten Weltkriegs aufmerksam gemacht. Das **Lancaster-Denkmal** erinnert an die verunglückten Besatzungen, die hier im Norden Luxemburgs

Malerische Landschaften findet man im ganzen Land.

bei ihrem Einsatz abstürzten und ums Leben gekommen sind. Wie schon in den belgischen Ardennen wird man auch bei der Wohnmobilreise durch Luxemburg immer wieder auf Denkmäler und Erinnerungsorte des Zweiten Weltkriegs treffen.

Dass wir mittlerweile zum Glück in einem friedlichen und vereinten Europa leben, zeigt sich nur wenige Kilometer entfernt. Der Einfachheit halber überqueren wir am Lancaster-Denkmal die Grenze und fahren noch einmal nach Belgien hinein. Gleich im nächsten Ort biegt man rechts ab und fährt durch das Tal der Our bis zum **Dreiländereck von Belgien, Deutschland, Luxemburg** (GPS: 50.130396, 6.136396). Neben dem Parkplatz wurde in einer kleinen Grünanlage ein Gedenkstein mit einer Informationstafel aufgestellt, während über den Köpfen der Besucher die Flaggen der einzelnen Staaten im Wind wehen. Doch genau genommen befindet sich dieser Gedenkstein ausschließlich auf belgischem Territorium. Wer den exakten Dreiländerpunkt aufsuchen möchte, geht hinab zum Ufer der Our, wo dieser unter einer schmalen Brücke im Wasser des Flusses zu finden ist.

Dem **Fluss Our** werden wir in seinem weiteren Verlauf nochmals begegnen. Die Our entspringt in den belgischen Ardennen und erreicht nach knapp 96 Kilometern beim deutschen Wallendorf den Fluss Sauer. Nördlich des Dreiländerecks fließt die Our zunächst an der Grenze zwischen Deutschland und Belgien. Aber auf fast ihrer gesamten Länge ist sie Grenzfluss zwischen Luxemburg und Deutschland. Das politisch Besondere an diesem Fluss ist, dass er von beiden Ländern verwaltet wird und damit ein sogenanntes Kondominium bildet. Das heißt, die eigentlichen Staatsgebiete enden jeweils am Flussufer. Die Grenze verläuft in der Flussmitte, so wie es auch in vielen anderen Grenzflüssen üblicherweise der Fall ist. Am Dreiländereck können wir über die Straße 338 wieder nach Luxemburg hineinfahren.

In einem kleinen **Museum im Dorf Binsfeld** besteht die Möglichkeit, einen Blick in die Vergangenheit zu werfen (www.museebinsfeld.lu, GPS: 50.117377, 6.036031). Das Musée Rural befasst sich mit dem einstigen Landleben in der Region und zeigt in vielen urigen Zimmern, wie die Menschen auf dem Lande gelebt und gearbeitet haben.

Touristinfo Weiswampach,
Om Leempuddel,
9991 Weiswampach
Tel. +352 979199,
www.tourisme-weiswampach.lu

CP 75 – Camping Trois Frontières, 12 Hauptstrooss, 9972 Léiler, www.troisfrontieres.lu (GPS: 50.123790, 6.104941). Klassischer Campingplatz mit großen Parzellen am Rande eines kleinen Dorfes. Zum Dreiländereck und damit in das Tal der Our benötigt man auf dem Fahrrad keine zehn Minuten.

CP 76 – Camping Troisvierges, Rue de Binsfeld, 9912 Troisvierges, www.camping-troisvierges.lu (GPS: 50.119273, 6.003094). Campingplatz mit Anschluss an das benachbarte Freibad, ruhige Lage.

Wer sich innerhalb Luxemburgs ziemlich zentral nach Süden bewegt, wird einen Blick in das Woltztal erhaschen können, das sich mit seinen Wäldern nördlich von Clervaux erstreckt. Im Bereich des Weilers **Maulusmühle** existieren einige Wandermöglichkeiten. Dabei kann man auch ein relativ ungewöhnliches Kriegsdenkmal zu Fuß erreichen. Das Monument SRA befindet sich mitten im Wald und besteht aus den Überresten eines abgestürzten Kampffliegers. Diesen hat man, fast so wie er beim Absturz gelegen hat, belassen und eingezäunt. Gleich daneben ehrt man die Besatzung des Fliegers mit einem Grabstein pro verstorbenem Soldaten.

CP 77 – Camping Woltzdal, Maison 12, 9974 Maulusmühle, www.woltzdal.com (GPS: 50.091916, 6.027919). Überschaubarer und freundlicher Campingplatz im Woltztal. Zwar mit angrenzender Bahntrasse und Landstraße, dennoch ruhig. Modernes Sanitärgebäude mit Zugang durch einen Chip, den man an der Rezeption erhält. Auf der Landstraße benötigt man nur 15 Minuten mit dem Fahrrad bis Clervaux. Ausgangspunkt für Wanderungen in den umliegenden Wäldern und zum Beispiel zum Monument SRA.

CLERVAUX BEGEISTERT MIT SCHLOSS UND KIRCHE IN WUNDERSCHÖNER LAGE

Mit **Clervaux** (auf Deutsch: Clerf) erreicht man im Norden Luxemburgs die erste größere Ortschaft. Wobei man im Großherzogtum das Attribut „groß" ein wenig differenziert betrachten sollte. Immerhin hat Clervaux gerade einmal rund 5.500 Einwohner. Aber der Ort präsentiert sich mit einem Schloss und einer Pfarrkirche malerisch in einer Flussschleife. Über allem thront die Benediktinerabtei St. Mauritius. In der **Abtei** leben heute rund 30 Mönche, für Außenstehende ist nur der Besuch des Vorhofs und der Klosterkirche möglich. Entstanden ist das Gebäudeensemble zu Beginn des letzten Jahrhunderts, und auch wenn es nur

Beeindruckend ist auch die Burg in Clervaux.

eingeschränkt besichtigt werden kann, lohnt sich der Blick in das Gotteshaus mit seinem 65 Meter hohen, weit sichtbaren Turm.

Im Gegensatz zur Abtei kann das ebenfalls leicht erhöht liegende **Schloss** im Ortskern besichtigt werden. Die in weißer Farbe leuchtende Höhenburg stammt aus dem ausgehenden 12. Jahrhundert und wurde im Laufe der Zeit durch ihre jeweiligen Besitzer zum heute sehenswerten Schloss ausgebaut. Große Schäden erlitt es während der Kämpfe im Zweiten Weltkrieg, als es von den Deutschen beschossen wurde und komplett ausbrannte. Während der Wiederaufbaumaßnahmen durch die luxemburgische Regierung, die bis in das Jahr 1994 andauerten, zogen gleich drei Museen in die noch immer stattlichen Mauern, die eher an eine Burg als an ein Schloss erinnern. Das **Burgenmodellmuseum** zeigt real existierende Schlösser und Burgen des Landes im Maßstab 1:100. Im zweiten Museum wird die **Ardennenoffensive** in der näheren Umgebung von Clervaux genauer beleuchtet. Mit zahlreichen originalen Dokumenten, Waffen und Uniformen wird die Geschichte zwischen dem 9. September 1944 und dem 12. Februar 1945 dokumentiert. Die beiden Daten markieren einen Zeitraum von der Befreiung der ersten luxemburgischen Ortschaft Pétange durch die US-amerikanischen Streitkräfte bis zur endgültigen Befreiung des gesamten Landes. Das dritte Museum beinhaltet vermutlich die bedeutendste Ausstellung und ist sogar bei der UNESCO als Weltdokumentenerbe eingetragen. Sie heißt „**The Family of Man**“ und entstand in den frühen 1950er-Jahren als Bilderinstallation für das New Yorker Museum of Modern

Art. Die Bilder porträtieren Menschen innerhalb verschiedener Themenbereiche wie Liebe, Glaube, Familie, Arbeit oder auch Krieg und Frieden und stammen von 273 Fotografen aus aller Welt. Darüber hinaus hat man den Fotografien Zitate berühmter Literaten beigefügt. Zusammengestellt wurde die Ausstellung vom Fotografen Edward Steichen, der in Luxemburg zur Welt kam. Daher wechselte „The Family of Man" im Jahr 1994 als Dauerausstellung nach Clervaux (www.steichencollections.lu).

Nur wenige Schritte von Schloss Clervaux entfernt, erheben sich die beiden Türme der **Pfarrkirche St. Cosmas und Damian**. Sie entstand aus Bruchsteinen in etwa zur gleichen Zeit wie die Abtei und wurde vom gleichen niederländischen Architekten entworfen. Unterhalb des Schlosses lädt die Ortschaft mit einer kurzen Fußgängerzone sowie mehreren Restaurants zum Flanieren und Verweilen ein.

Touristinfo, Destination Clervaux, 11 Grand-Rue, 9710 Clervaux, Tel. +352 920072, www.visit-clervaux.lu

CP 78 – Camping Clervaux,
33 Klatzewee, 9714 Clervaux,
www.camping-clervaux.lu
(GPS: 50.055081, 6.023957). Ruhiger Campingplatz im Flusstal unterhalb der

Die Kirche dominiert das Stadtbild von Clervaux.

Abtei, von dem aus man in wenigen Minuten zu Fuß im Ortskern und am Schloss ist.

CP 79 – Camping Reiler Weier,
86 Maison, 9768 Reuler,
www.reilerweier.lu
(GPS: 50.054007, 6.038528). Der Campingsplatz liegt außerhalb von Clervaux und oberhalb des Flusstals. Zum Schloss benötigt man zu Fuß eine gute halbe Stunde. Angelfreunde werden hier auf ihre Kosten kommen, da der Platz gleich zwei Angelteiche für Forellen, Störe und Karpfen besitzt.

NATURGENUSS IM TAL DER OUR

Westlich von Clervaux ist die Gegend bis zur belgischen Grenze überwiegend von Landwirtschaft geprägt. Doch im Osten liegt an der deutsch-luxemburgischen Grenze immer noch das Tal der Our, das sich südlich des Dreiländerecks erstreckt. Es bildet den **Naturpark Our**, der wiederum Teil des grenzüberschreitenden deutsch-luxemburgischen Naturparks ist. Das Tal wird von mehreren Wander- und auch Radwegen durchzogen. Theoretisch könnte man hier der scheuen Wildkatze und dem seltenen Schwarzstorch begegnen, aber in der Praxis sollte man sich nicht allzu viel Hoffnung auf einen Schnappschuss von diesen Tieren machen.

CP 80 – Camping Tintesmühle, 2 Maison, 9758 Tintesmühle, www.campingtintesmuehle.lu (GPS: 50.093843, 6.125969). In absolut ruhiger und abgeschiedener Lage, nur umgeben von Wald, grenzt dieser Platz bloß an einer Seite an eine kleine Landstraße. Von der Parzelle aus blickt man über die Our zum anderen Flussufer, das bereits zu Deutschland gehört.

CP 81 – Camping Kohnenhof, 7 Kounenhaff, 9838 Eisenbach, www.campingkohnenhof.lu (GPS: 50.016751, 6.136343). Ebenfalls in einer Schleife der Our.

ZU DEN BELIEBTESTEN ORTEN LUXEMBURGS ZÄHLT VIANDEN

Der Naturpark Our zieht sich südwärts bis in die kleine Ortschaft **Vianden**, nur ein Katzensprung von der deutsch-luxemburgischen Grenze entfernt. Der Fluss hat hier mittlerweile eine stattliche Breite von knapp 24 Metern. Bei bzw. in Vianden befindet sich der einzige Abschnitt des Flusses, auf dem er keine Grenze bildet. Diese befindet sich etwas weiter östlich. Westlich und damit oberhalb des Tals wird das Wasser der Our in zwei Oberbecken gepumpt, die als **Pumpspeicherkraftwerk** Energie erzeugen. Mit einer Gesamtleistung von 1.300 Megawatt gehört es zu den größeren Pumpspeicherkraftwerken der Welt.

Luxemburg besticht durch viel Natur.

Ein Besucherstollen und die Kavernen können nach Voranmeldung beim Betreiber (www.seo.lu) besichtigt werden. Ansonsten bleibt zumindest der Ausblick auf die künstlichen Seen an einer kleinen Plattform (GPS: 49.946461, 6.166788). Einen besonders schönen Ausblick ganz anderer Art (GPS: 49.933473, 6.200169) genießt man während der Fahrt auf der Straße 322 in Richtung **Vianden**. Dort blickt man auf eine prachtvolle **Burg**, die sich oberhalb der Stadt auf einem Felssporn erhebt (www.castle-vianden.lu). Schon im 4. Jahrhundert befand sich an dieser Stelle ein römisches Kastell, doch bis zur Entstehung der heutigen Burganlage verging noch mehr als ein halbes Jahrtausend. Sie wechselte im Laufe der Jahrhunderte mehrfach ihren Besitzer. Zunächst waren es die Grafen von Vianden, später das Adelsgeschlecht derer von Oranien-Nassau und auch einige Großherzoge besaßen den Schlüssel zur Burg. Derweil verfiel sie jedoch immer mehr und erst seitdem sie im Besitz Luxemburgs ist, konnte sie umfangreich restauriert und für den Publikumsverkehr freigegeben werden. Die gesamte Anlage besteht aus einem äußeren und einem innerer Mauerring, innerhalb Letzterem befinden sich die eigentlichen Gebäudeabschnitte.

So wie man einen wunderbaren Blick auf das prachtvolle Bauwerk genießen kann, ist es umgekehrt

Die Burg in Vianden lässt sich auch mit dem Sessellift erreichen.

Den schönsten Ausblick auf die Burg in Vianden hat man von der Straße 322 westlich der Stadt.

natürlich auch möglich, von den herrschaftlichen Mauern den Blick über die Ortschaft und in das tiefer liegende Tal der Our schweifen zu lassen. Innerhalb der Burganlage besichtigt man bei einem Rundgang unter anderem die Waffenhalle, das Esszimmer mit angrenzender Küche, die Krypta und den beeindruckenden Rittersaal mit seiner Gewölbedecke. Gleich darüber geht es mit dem nicht minder schönen Festsaal und anderen Räumlichkeiten weiter.

Auch der französische Schriftsteller **Victor Hugo** beschrieb die Burg, die zu seinen Lebzeiten allerdings eher düster wirkte, wie er behauptete. Er verbrachte mehrmals einige Zeit in Vianden und lebte in einem kleinen Haus auf der anderen Seite des Flusses. Das einstige Wohnhaus, direkt an der Brücke, beherbergt heute ein kleines **Museum**, das sich seinem Leben und Wirken widmet (www.victor-hugo.lu).

Beim Spaziergang durch die wenigen Straßen von Vianden wird man unterhalb der Burg die **Trinitarierkirche** erblicken, die im 13. Jahrhundert erbaut wurde und zum einstigen Kloster gehörte. Im hinteren Teil der Kirche sind noch die Gebäudeelemente des Klosters vorhanden. Zu diesen gehört auch die angrenzende kleine, im 18. Jahrhundert errichtete Soladitätskapelle mit ihrem schmucken Barockaltar.

Touristinfo Vianden,
1a, rue du Vieux Marché,
9419 Vianden, Tel. +352 834257,
www.visit-vianden.lu

Auf schmalen Pfaden erlebt man ferne Blicke.

SP 62 – Wohnmobilstellplatz Vianden, 2 Rue Neugarten, 9422 Vianden (GPS: 49.931351, 6.216428). Leicht versetzt angelegte Stellflächen direkt am Fluss der Our, mit Blick auf die Burg. Strom, Ver- und Entsorgung sowie ein Sanitärbereich sind vorhanden.

CP 82 – Camping de l'Our, 3 Route de Bettel, 9415 Vianden, www.camping-our-vianden.lu (GPS: 49.928522, 6.222360). In einer Flussschleife südlich von Vianden bietet dieser Campingplatz großzügige Parzellen auf einer Wiese direkt am Ufer der Our.

CP 83 – Camping du Moulin, 5 Route de Bettel, 9415 Vianden, www.campingdumoulin.lu (GPS: 49.926748, 6.220429). Gleich neben Camping de l'Our, nur größer. Ab hier wird die Our übrigens wieder zum Grenzfluss und somit blickt man von seiner Parzelle aus über das Wasser hinweg zum deutschen Ufer.

CP 84 – Camping Park Walsdorf, Tandelerbach, 9465 Walsdorf (GPS: 49.917119, 6.178389). Sehr ruhiger Campingplatz in einem abgelegenen Bachtal, circa drei Kilometer südwestlich von Vianden. Mit dem Fahrrad benötigt man aufgrund einiger Steigungen dennoch fast eine halbe Stunde bis zur Burg Vianden.

KREUZ UND QUER DURCH DEN NORDEN VON LUXEMBURG

Wenn wir von Vianden aus in Richtung Westen einmal quer durchs Land fahren, brauchen wir rund eine halbe Stunde über die kleinen Landstraßen und sind mit der Ortschaft **Wiltz** nur noch wenige Kilometer von Belgien entfernt. Auch Wiltz zeigt sich mit einem repräsentativen **Schloss**. Es liegt zwar nicht so malerisch-markant auf einem Felssporn wie in Vianden, aber es ist nicht minder sehenswert. Außerdem ist es deutlich jünger und stammt in seiner heutigen Form aus dem 18. Jahrhundert. Allerdings basieren einige Bereiche des Bauwerks auf Vorgängerbauten, zum Beispiel der sogenannte Hexenturm, der aus der zweiten Hälfte des 16. Jahrhunderts stammt. Er gilt als ältester Teil von Schloss Wiltz, obwohl an derselben Stelle schon weitere Burgen bestanden, von denen aber heute nichts mehr geblieben ist. An der Nordseite wird das Schloss von einer großen Außentreppe dominiert. Sie führt auf einen Vorplatz, der im Sommer von einem Pavillon überdacht wird. Dann findet regelmäßig das Wiltz-Festival mit zahlreichen Kunst- und Musikaufführungen vor der Schlosskulisse statt. In einem Gebäudeflügel am Westportal sind zwei Ausstellungen untergebracht. Eine berichtet über die Ardennenoffensive, die andere befasst sich mit der hiesigen Tradition des Bierbrauens (www.biermuseum.lu). Nicht weit von Wiltz entfernt, erreicht man entlang der Straße 15 in Richtung Belgien ein Einkaufszentrum (GPS: 49.963676, 5.858441), das Sparfüchse anlockt.

Touristinfo Wiltz,
35, rue du Chateau, 9516 Wiltz,
Tel. +352 957444,
www.touristinfowiltz.lu(

SP 63 – Wohnmobilstellplatz Wiltz,
46–64 Campingstrooss, 9560 Wiltz
(GPS: 49.971743, 5.934415).
Drei einfache Stellflächen unterhalb eines kleinen Hangs. Gleich gegenüber der Straße befindet sich ein Bike-Park für Jugendliche.

CP 85 – Camping Kaul,
60 Campingstrooss, 9554 Wiltz,
www.kaul.lu
(GPS: 49.973010, 5.933320).
Klassischer Campingplatz kurz hinter dem Wohnmobilstellplatz Wiltz mit direktem Zugang zum angrenzenden Freibad.

CP 86 – Camping Val d'Or,
2 Um Gaertchen, 9747 Enscherange,
www.valdor.lu
(GPS: 50.000381, 5.990864).
Einfacher, aber freundlicher Campingplatz in einem kleinen Flusstal rund fünf Kilometer Luftlinie nordöstlich von Wiltz entfernt. Jedoch direkt neben einer Bahntrasse.

CP 87 – Camping Kautenbach,
3 An der Weierbach, 9663 Kautenbach, www.campingkautenbach.lu (GPS: 49.955212, 6.030448).
Sehr ruhig gelegener Campingplatz in einer Flussschleife. Schöner Ausgangspunkt für Wandertouren im Ösling.

Südlich von Wiltz erreicht man mit dem Wohnmobil in wenigen Fahrminuten den größten See Luxemburgs. Der **Obersauer Stausee** entstand Mitte des letzten Jahrhunderts durch die Fertigstellung einer Staumauer am Ort Esch-Sauer (Esch-sur-Sûre) und ist damit der einzige nennenswerte See des Landes. Er dient als Trinkwasserreservoir und ist mittlerweile Teil des **Naturparks Obersauer**, dem zweiten Naturpark Luxemburgs. Mit seiner Gründung im Jahr 1999 ist er wenige Jahre älter als sein Pendant im östlichen Landesteil. Die Sauer, die den See mit Wasser speist und das Herzstück des Naturparks bildet, entspringt in den belgischen Ardennen, mäandert sich durch den Norden Luxemburgs und nimmt später das Wasser der Our auf. Von dort an fließt sie als Grenzfluss zwischen Luxemburg und Deutschland bis Wasserbillig, wo sie nach über 170 Kilometern in die Mosel mündet.

Sanft hügelige Landschaft im Norden Luxemburgs, hier bei Bourscheid.

Das Tal der Sauer lockt auch zu Spaziergängen am Ufer des Flusses.

Der Naturpark Obersauer hat sich zu einem beliebten Wandergebiet entwickelt und lockt mit zahlreichen Rund- und Themenwegen in die Wälder rund um den Obersauer Stausee. Dabei genießt man immer wieder wunderbare Ausblicke von den umliegenden Hügeln auf das Gewässer. Rund um den See gibt es mehrere **Parkmöglichkeiten**, um zu einer Wanderung aufzubrechen:

An der Straße 326 nördlich der Staumauer (GPS: 49.913524, 5.924382)

In unmittelbarer Nähe zur Staumauer (GPS: 49.910439, 5.920982)

Bei Lultzhausen (GPS: 49.909659, 5.892060)

An einer Brücke über den See bei Lultzhausen (GPS: 49.907236, 5.890471)

Bei Insenborn (GPS: 49.905030, 5.885694)

Nördlich des Sees bei Kaundorf (GPS: 49.918321, 5.907766)

GEMÜTLICHE FAHRT DURCH DAS TAL DER SAUER

Darüber hinaus ist auch **Esch-Sauer** ein beliebtes Besuchsziel. Die Ortschaft liegt in einer Flussschleife wenige Hundert Meter von der Staumauer entfernt. An ihrer schmalsten Stelle ist die Schleife gerade einmal etwas mehr als 100 Meter breit. Dort erhebt sich ein untertunnelter Felsrücken, auf dem sich die **Ruine** einer mittelalterlichen **Burg** befindet. Zu sehen sind unter anderem noch der restaurierte Bergfried

Burgruinen in Esch-sur-Sûre

und die Burgkapelle. Eine schöne Aussicht hat man auch zwischen den Überresten der Burgmauern auf den ansonsten sehr kleinen Ort im Tal.

CP 88 – Camping Im Aal,
1 Rue Camping Aal, 9650 Esch-sur-Sûre, www.campingaal.lu (GPS: 49.906750, 5.942562). Kleiner Platz am Ufer der Sauer, nur wenige Gehminuten bis in den Ort.

CP 89 – Camping Liefrange,
14 Haaptstrooss, 9665 Léifreg (Liefrange), www.camping-liefrange.lu (GPS: 49.911316, 5.874562). Kleiner Campingplatz am Rande eines kleinen Dorfes nördlich vom See, liegt aber nicht direkt am See.

SP 64 – Wohnmobilstellplatz Liefrange, 14 Haaptstrooss, 9665 Léifreg (Liefrange), www.camping-liefrange.lu GPS: 49.911316, 5.874562). Der genannte Campingplatz hat einen eigenen Wohnmobilstellplatz für 23 Fahrzeuge mit Strom sowie Ver- und Entsorgungseinrichtungen. Manche der Stellflächen bieten einen schönen Panoramablick.

Entlang der Straße 27 lässt sich das Tal der Sauer auf einer kleinen Landstraße bereisen und man gelangt ganz automatisch in die beiden Ortschaften Ettelbrück und Diekirch. Auf dem Weg dorthin sollte man einen kleinen Abstecher in Richtung **Bourscheid** einlegen. Der eigentliche Ort ist eher unspektakulär, doch kurz zuvor passiert man die noch heute beeindruckende Ruine einer **Burg** (www.castle-bourscheid.lu, GPS: 49.906093, 6.077149). Die Burg Bourscheid befindet sich in waldreicher Umgebung als Höhenburg oberhalb des Sauertals und wurde zum ersten Mal Ende des 11. Jahrhunderts erwähnt. Die gesamte

Das Tal der Sauer präsentiert sich im Sommer leuchtend grün.

Anlage ist in Oberburg, Unterburg und Vorburg aufgeteilt. Von ihrer Fläche her ist sie die größte Burg im Land. Besonders von dem imposanten Bergfried aus genießt man einen wunderbaren Fernblick über die leicht hügelige Landschaft und über das Tal der Sauer.

Ettelbrück besitzt eine kleine Fußgängerzone, die von der Kirche Saint-Sébastien geprägt wird, die mit einer schönen Außenfassade glänzt. Doch die Hauptsehenswürdigkeit der Stadt ist das am Stadtrand gelegene **General Patton Memorial Museum** (www.patton.lu). General Patton kommandierte die dritte US-Armee, die maßgeblich an der Befreiung des Konzentrationslagers Buchenwald beteiligt war. Auf dem Weg vom D-Day in der Normandie bis zur Befreiung hatte diese Armee auch großen Anteil an der Abwehr der Ardennenoffensive. Trotz des Namens befasst sich die Ausstellung im Museum nicht nur mit dem Wirken des Generals, sondern generell mit dem Zweiten Weltkrieg innerhalb Luxemburgs.

Ein ähnliches Museum findet man auch in **Diekirch**. Die Stadt ist nur wenige Fahrminuten von Ettelbrück entfernt und ähnlich groß. Diekirch führte die erste Fußgängerzone des Landes ein, in der auch heute noch gebummelt werden kann. Die Stadt beherbergt zudem mehrere Museen, so etwa das **Nationale Museum für Militärgeschichte** (www.mnhm.net). Mehrere Dioramen visualisieren nicht nur den Zweiten Weltkrieg, sondern man bekommt auch einen Einblick in andere Kriegsgeschehen dieser Welt. Dass sich so ein Museum in Diekirch befindet, dürfte kein Zufall sein, denn die Ortschaft besitzt den einzigen Militärstützpunkt des Landes.

Eine weitere Ausstellung ist im kleinen **Oldtimermuseum** mitten in der Innenstadt untergebracht (www.cnvh.lu), das sich auch mit dem Thema des Bierbrauens befasst. Den Namen Diekirch findet man in Luxemburg fast überall an gastronomischen Einrichtungen. Die Brauerei gleichen Namens entstand bereits im Jahr 1871, doch die Tradition des Bierbrauens in Diekirch ist wesentlich älter.

Touristinfo Ettelbruck, 5 Rue Abbé Henri Muller, 9065 Ettelbruck, Tel. +352 812068, www.ettelbruck.lu

Touristinfo Diekirch, 3 Place de la Libération, 9255 Diekirch, Tel. +352 803023, https://tourisme.diekirch.lu

Auf dem Weg von Esch-Sauer bis Diekirch passieren wir einige Campingplätze im Tal der Sauer und auch alternativ in der näheren Umgebung, die allesamt ähnlich ausgestattet sind:

CP 90 – Camping Bissen, 11 Millewee, 9659 Heiderscheider-Grund, www.camping-bissen.lu (GPS: 49.905280, 5.956428)

CP 91 – Camping Le Moulin, 5 Millewee, 9659 Heiderscheider-Grund, www.camping-moulin.eu (GPS: 49.904851, 5.963724)

CP 92 – Camping Fuussekaul, 4 Fuussekaul, 9156 Heischent, www.fuussekaul.lu (GPS: 49.877525, 5.992970). Dieser Campingplatz befindet sich abseits der Sauer und ist vor allen Dingen interessant für alle, die nicht durch das Tal der Sauer fahren möchten, sondern sich von Esch-sur-Sûre auf der Straße 15 nach Ettelbrück bewegen. Sie verläuft direkt am Campingplatz vorbei.

SP 65 – Wohnmobilstellplatz Heischent, 4 Fuussekaul, 9156 Heischent, www.fuussekaul.lu (GPS: 49.877525, 5.992970). Der Wohnmobilstellplatz gehört zum Campingplatz Fuussekaul und liegt auf der gegenüberliegenden Straßenseite. Auf den 35 großzügig angelegten Stellflächen ist Strom vorhanden sowie Ver- und Entsorgung gegeben.

Folgende Übernachtungsangebote befinden sich wiederum im Tal der Sauer:

CP 93 – Camping Toodlermillen, 1 Toodlermillen, 9181 Tadler, www.camping-toodlermillen.lu (GPS: 49.914106, 6.001041).

CP 94 – Camping du Nord, 1 Rue de Dirbach, 9153 Goebelsmühle, www.campingdunord.lu (GPS: 49.925557, 6.045423)

CP 95 – Camping du Moulin,
1, Camping du Moulin,
9164, Bourscheid-Moulin, www.camp.lu (GPS: 49.913343, 6.085433). Von hier aus gibt es mehrere Möglichkeiten, die Burg Bourscheid zu Fuß zu erreichen.

CP 96 – Camping Ettelbruck,
88 Chemin du Camping, 9022 Ettelbruck, www.campingettelbruck.lu (GPS: 49.846333, 6.083218). Am Ortsrand von Ettelbrück, jedoch nicht am Flussufer, sondern in ruhiger Lage zwischen Feldern und Weiden gelegen.

CP 97 – Camping Gritt,
2 Um Gritt, 9161 Ingeldorf, www.camping-gritt.lu (GPS: 49.850399, 6.134668). Am Flussufer der Sauer zwischen Ettelbrück und Diekirch.

CP 98 – Camping de la Sûre,
31 Route de Gilsdorf, 9234 Diekirch, http://camping.diekirch.lu (GPS: 49.866714, 6.164999). Zentral zum Ortskern gelegener Platz am Fluss.

Ausblick von der Burg in Esch-sur-Sûre in das Tal der Sauer.

Die Wegmarkierungen in den Wäldern sind meistens vorbildlich.

Wunderschöne Fernblicke sind im Norden Luxemburgs möglich.

WANDERTOUREN IN DER LUXEMBURGISCHEN SCHWEIZ

Zum Abschluss der nördlichen Luxemburgroute sollte man unbedingt in die Wanderschuhe schlüpfen und im östlichen Landesteil den **Mullerthal-Trail** erkunden. Der Trail setzt sich aus drei großen Rundwegen zwischen Larochette und Echternach zusammen. Sie ergeben insgesamt eine Strecke von 112 Kilometern, hinzu kommen weitere Extrarunden, die zusätzlich erkundet werden können. Was sich zunächst strapaziös anhört, lässt sich natürlich entsprechend auf Tagestouren aufteilen, die örtlichen Tourismusinformationen bieten Tipps und

Auf dem malerischen Mullerthal-Trail…

Empfehlungen, wie man den Mullerthal-Trail am besten für sich gestaltet. Einer der Höhepunkte ist der sogenannte **Schiessentümpel**, den man ohnehin besuchen sollte, auch wenn man keine Wanderung plant (www.mullerthal-trail.lu, GPS: 49.780054, 6.297137). Hier wandert man durch das wildromantische Tal der **Schwarzen Ernz** an schroffen Felsen und unter dichtem Blattwerk hindurch bis zu einem kleinen Wasserfall. Die Kaskaden ergießen sich zwar nur aus geringer Höhe, dafür aber in mehreren Reihen unter einer malerischen Brücke. Nicht ohne Grund gehört der Schiessentümpel zu einer der beliebtesten Fotomotive in der Region.

Die Landschaft, durch die der Mullerthal-Trail verläuft, wird auch als die Luxemburgische Schweiz bezeichnet. Sie zeichnet sich durch zahlreiche Felsen, viel Wald, mehrere Bäche und hin und wieder durch einzelne Burgen aus. Bei einer dieser Burgen handelt es sich um die Ruine von **Burg Beaufort** (www.beaufortcastles.com, GPS: 49.832971, 6.286765). Sie entstand vermutlich Ende des 12. Jahrhunderts und sieht mit ihren hohen Mauern auch heute noch stattlich aus. Zur Anlage gehört das später errichtete Renaissanceschloss, das mit seinen historischen Räumen zu einem Rundgang im Rahmen einer Führung einlädt. Auch das **Schloss Larochette** oberhalb der gleichnamigen Ortschaft (GPS: 49.786361, 6.216194) sowie das abseits gelegene **Schloss Meysemburg** (GPS: 49.767700, 6.187668) sind einen Besuch wert.

...durchquert man Engstellen...

...und man wandert auf schmalen Pfaden.

Zum Abschluss der nördlichen Runde sollte man den Hauptort der Luxemburgischen Schweiz, **Echternach**, aufsuchen. Echternach liegt wieder direkt am Ufer der Sauer, die hier den Grenzfluss zu Deutschland bildet. Das Stadtbild wird dominiert von dem Gebäudeensemble der **Reichsabtei Echternach**. Heute beherbergen die Gebäudeflügel ein Internat, doch ein kleines **Museum** (www.museedelabbaye.lu, GPS: 49.813499, 6.424176) informiert ausführlich über die bewegte Vergangenheit der Abtei und der dazugehörigen St.-Willibrord-Basilika. Südlich und damit ein wenig außerhalb von Echternach erstreckt sich der kleine **Echternacher See**. Das Baden ist hier zwar verboten, dennoch ist der See ein beliebtes Freizeitgebiet. Er kann auf dem Uferweg bequem umrundet werden, ist oftmals Veranstaltungsort für Festivals und beherbergt an seinem Ufer die Überreste einer römischen Villa, die besichtigt werden kann (GPS: 49.804773, 6.408979).

i Touristinfo Larochette,
33 chem. J.-A. Zinnen,
7626 Larochette,
Tel. +352 83703842,
www.visitlarochette.lu

i Touristinfo Echternach,
9-10 parvis de la Basilique,
6486 Echternach,
Tel. +352 720230,
www.visitechternach.lu

Auf dem Marktplatz in Echternach.

CP 99 – Camping Bleesbruck,
1 Bleesbreck, 9359 Bastendorf, www.camping-bleesbruck.lu (GPS: 49.872724, 6.189492). Klassischer Campingplatz zwischen Diekirch und Bettendorf.

CP 100 – Camping Um Wirt,
12 Rue de la Gare, 9353 Bettendorf, www.camping-bettendorf.lu (GPS: 49.872846, 6.221218). Stellflächen direkt am Ufer der Sauer. Ruhige Lage am Ortsrand von Bettendorf.

CP 101 – Camping de la Rivière,
21 Route de la Sûre, 9390 Reisdorf, www.campingreisdorf.com (GPS: 49.868363, 6.264810). Ebenfalls direkt am Südufer der Sauer.

CP 102 – Camping de la Sûre,
23 Route de la Sûre, 9390 Reisdorf, www.campingdelasure.lu (GPS: 49.869818, 6.267543). Gleich neben dem Camping de la Rivière.

CP 103 – Camping du Rivage,
Echternacherstroos, 7, 9392 Reisdorf, www.durivage.lu (GPS: 49.873748, 6.290472). Dieser Campingplatz liegt ebenfalls direkt an der Sauer. Auf der anderen Flussseite befindet sich der deutsche Ort Wallendorf. In unmittelbarer Nähe mündet die Our in die Sauer.

CP 104 – Camping Wies-Neu,
12 Rue de la Sûre, 6350 Dillingen, www.camping-wies-neu.lu (GPS: 49.851925, 6.321469). Größerer Campingplatz im Sauertal.

CP 105 – Camping Echternach,
21 Op Troo, 6495 Echternach (GPS: 49.815616, 6.409356). Einfacher Campingplatz in leicht erhöhter Lage oberhalb der Stadt.

CP 106 – Camping Alferweiher,
1 Rue Alferweiher, 6412 Echternach, www.camping-alferweiher.lu (GPS: 49.797275, 6.431104). Einfacher Platz mit großen Wiesen südlich von Echternach. Mit dem Fahrrad benötigt man zehn Minuten zur Abtei, zu Fuß eine gute halbe Stunde.

CP 107 – Camping Cascade,
3A Rue des Moulins, 6245 Mullerthal, www.campingcascade.nl (GPS: 49.788587, 6.303608). Ruhige Waldrandlage und idealer Ausgangspunkt für Touren auf dem Mullerthal-Trail. Insbesondere der Schiessentümpel ist fußläufig sehr gut zu erreichen.

Brücke über die Alzette in Luxemburg und im Hintergrund die modernen Bauten auf dem Kirchberg-Plateau.

2. Im Süden von Luxemburg – Kultur in der Hauptstadt

Der Süden Luxemburgs bietet zwar keine Naturparks und weniger Wandermöglichkeiten, doch dafür pulsiert urbanes Leben in der Altstadt der Hauptstadt. Diese ist nicht nur ein wahrer Augenschmaus, besonders beim Blick von der Oberstadt in das Petruss-Tal und in das Tal der Alzette, sondern zugleich ein weiterer Meilenstein auf der Liste des UNESCO-Weltkulturerbes. Sie besticht mit sehenswerten Bauwerken und vor allen Dingen mit den berühmten Kasematten, die man unbedingt gesehen haben sollte. Weitere Städte, die man im Süden Luxemburgs besuchen kann, sind Esch-sur-Alzette, die zur Kulturhauptstadt 2022 ernannt wurde, und Grevenmacher. Wobei in Grevenmacher weniger die Stadt lockt als das dortige Schmetterlingshaus mit Hunderten farbenfroher Falter. Damit ist man zugleich schon im Tal der Mosel unterwegs und blickt immer wieder nach Deutschland hinüber – Grenzregion eben. Ein Highlight ist hier die kleine Ortschaft Schengen mit dem dortigen Dreiländereck und einem Museum zur europäischen Geschichte.

Hier wurde das Abkommen geschlossen, um in Europa frei reisen zu können.

Obelisk in der Nähe des geografischen Mittelpunkts Luxemburgs.

Das letzte Kapitel dieses Buchs führt uns durch den Süden Luxemburgs und beginnt am **geografischen Mittelpunkt des Landes**. Wir hatten bereits den geografischen Mittelpunkt Belgiens kennengelernt und besuchen in Band 2 auch denjenigen der Niederlande. Da sollten wir unsere kleine Sammlung mit zwei weiteren Mittelpunkten vervollständigen. Damit wären es insgesamt vier. Vier deshalb, weil sich das kleinste der Beneluxländer gleich zwei Markierungen gönnt. Es gibt den offiziellen, auf den Zentimeter genau vermessenen Mittelpunkt, und es existiert eine weitere Markierung, die eher symbolisch zu verstehen ist.

Unser Weg führt uns zunächst in den **Pëttenerbësch**, einem kleinen, bewaldeten Naturschutzgebiet nördlich von Mersch. Das Wohnmobil lassen wir dafür am besten an der Burgruine der **Pëttener Burg** (GPS: 49.770114, 6.107957) stehen und folgen der Straße Urtelbach zu Fuß in den Wald hinein. Nach Betreten des Naturschutzgebietes sind es keine 300 Meter bis zur offiziellen Mittelpunktmarkierung von Luxemburg. Sehr viel weiter kann man in dem Naturschutzgebiet leider nicht wandern, daher ist der Besuch eher eine kurze Stippvisite.

Der inoffizielle Mittelpunkt befindet sich am Ortsrand von **Mersch** (GPS: 49.742733, 6.087038) und besteht aus einem Obelisken. Dieser wurde als Zeichen der Unabhängigkeit aufgestellt und hat eine eher symbolische Bedeutung. Von der kleinen Anhöhe aus, auf der sich der Obelisk befindet, hat man übrigens einen netten Ausblick über die Umgebung.

ZU BESUCH IN DER HAUPTSTADT DES GROSSHERZOGTUMS

Vom geografischen Mittelpunkt bis ins kulturelle Zentrum des Landes ist es gerade einmal eine halbe Stunde mit dem Wohnmobil. Die **Hauptstadt Luxemburgs,** gleichnamig wie das Land, ist die

Blick von der Altstadt hinab in das Tal der Alzette und zur Abtei Neumünster.

größte Stadt im Großherzogtum. Doch anders als bei anderen Hauptstädten innerhalb Europas fährt man hier nicht gefühlte Ewigkeiten durch Vororte und Industriegebiete, um sich dem Zentrum zu nähern. Auf dem Weg nach Luxemburg-Stadt reist man je nach Strecke durch Wälder oder an Feldern vorbei. Von einer Großstadt ist kaum etwas zu spüren, bis man plötzlich mittendrin steht. Trotz Hauptstadtstatus ist die Einwohnerzahl mit der von Brügge in Belgien oder mit Leeuwarden in den Niederlanden vergleichbar.

Luxemburg-Stadt kann aufgrund ihrer Größe wohl kaum als Metropole bezeichnet werden. Nichtsdestotrotz bietet sie jede Menge Sehenswürdigkeiten und spielt kulturell auf dem höchsten Niveau mit. Außerdem kann die Hauptstadt Luxemburgs auch als Schmelztiegel der Nationen bezeichnet werden. Ein sehr großer Anteil der Bevölkerung stammt aus dem Ausland und zwar aus mehr als 160 Ländern, was natürlich auch der Tatsache geschuldet ist, dass zahlreiche internationale Institutionen ihren Sitz hier haben.

So vielfältig die Stadt also ist, so abwechslungsreich ist sie auch aus touristischer Sicht. Im Jahr 2007 war sie, zusammen mit Sibiu in Rumänien, Kulturhauptstadt

Oberhalb der Alzette befinden sich die Kasematten.

Europas, aber bereits viel früher wurde die Altstadt auf die Liste des UNESCO-Weltkulturerbes gesetzt. Diese breitet sich auf einem Plateau aus, das im Süden vom **Petruss-Tal** und im Osten vom Tal der Alzette begrenzt wird. Die Petruss ist mit ihren knapp 13 Kilometern ein nur sehr kurzer Fluss und mündet unterhalb der Altstadt in die Alzette, die später in die Sauer mündet.

Innerhalb der **Altstadt** erheben sich zahlreiche interessante und historische Bauwerke, doch zu den beliebtesten Sehenswürdigkeiten und zum Wahrzeichen der Stadt zählen die **Kasematten**. Mitte des 17. Jahrhunderts begann man damit, Gänge und Höhlen in die Felsen unterhalb der Stadt zu schlagen. Sie wurden zum Teil mit Kanonen bestückt und dienten der Verteidigung. Der Schwerpunkt lag dabei auf dem sogenannten Bockfelsen oberhalb der Alzette. Bis zu 1.200 Soldaten hatten in den einstmals kilometerlangen Gängen Platz. Oberhalb des Felsens befand sich zudem schon im 10. Jahrhundert die **Burganlage Lucilinburhuc**, von der heute noch einige Überreste zu sehen sind.

Der **Bockfelsen** ist seit der Mitte des 18. Jahrhunderts durch die doppelstöckige Bogenbrücke mit der eigentlichen Altstadt verbunden. Bevor man sich ihr zuwendet, sollte man aber noch den Fernblick vom **Chemin de la Corniche** genießen. Auf diesem Höhenweg flaniert man oberhalb der Alzette und hat nicht nur den schönsten, sondern den wohl auch bekanntesten Ausblick auf Luxemburg-Stadt oder genauer gesagt auf die Unterstadt im Alzette-Tal, die den Stadtteil namens **Grund** bildet. Deutlich zu sehen ist dort das mehrflügelige Gebäudeensemble der einstigen Abtei Neumünster mit ihrer Kirche direkt am Ufer der Alzette. Heute ist die Abtei ein Kultur- und Veranstaltungszentrum.

Zu den bedeutendsten Gebäuden innerhalb der Altstadt gehört zweifellos die **Liebfrauenkirche**. Sie wurde im 17. Jahrhundert errichtet und vereint mehrere architektonische Baustile. Nicht minder sehenswert ist der **Großherzogliche Palast** eine Straße weiter. Einst stand dort ein Rathaus, das als Teil des später errichteten Palastes in das Gebäude integriert wurde. Heute ist der Palast die offizielle Residenz des Großherzogs und bekannt für die Verzierungen in der Sandsteinfassade. Sie zeigen verschiedene Blüten und sind ein Hinweis auf den früheren Kräutermarkt, der hier abgehalten wurde.

Darüber hinaus bietet die Stadt bei Schlechtwetterlage diverse Besuchsmöglichkeiten. Das **Nationalmuseum für Geschichte und**

Gemütlich flanieren lässt es sich in der Altstadt.

Die Adolphe-Brücke überspannt das Petruss-Tal.

Kunst (www.mnha.lu) befindet sich zum Beispiel nur wenige Schritte hinter dem Großherzoglichen Palast und beeindruckt über mehrere Etagen mit einer interessanten Reise durch die Zeit. Unbedingt sehenswert ist auch das **Moderne Kunstmuseum Grand-Duc Jean** (www.mudam.com). Es zeigt zahlreiche Werke verschiedener Kunstrichtungen und Künstler. Als Kunstwerk kann hier sicherlich auch das im Jahr 2006 eröffnete Gebäude selbst bezeichnet werden, das mit einer verwinkelten Glasdachkonstruktion viel Licht einfallen lässt. Das Moderne Kunstmuseum befindet sich aber nicht mehr in der Altstadt, sondern auf dem Plateau Kirchberg nördlich der Alzette. Von dort hat man einen Blick auf die Altstadt, etwas vorgelagert ist zudem das **Fort Thüngen (Dräi Eechelen)** zu finden. Innerhalb dieser übrig gebliebenen Gebäude der historischen Festungsanlage ist das gleichnamige Museum untergebracht, das verschiedene temporäre Ausstellungen präsentiert und in seiner Dauerausstellung über die **Festungsanlagen** informiert (www.m3e.public.lu).

Auch das bereits erwähnte **Kirchberg-Plateau** ist ein Besuch wert. Die dortigen Bauwerke stehen im völligen Gegensatz zur Altstadt und zeigen sich mit einer deutlich moderneren Architektur. Besonders hervorzuheben ist dabei das Gebäude der Philharmonie mit ihrer spitz zulaufenden Treppe und den zahlreichen Säulen.

Moderne Architektur prägt das Kirchberg-Plateau in Luxemburgs Hauptstadt.

Auffällig ist die Philharmonie in Luxemburg.

Gleich dahinter erheben sich entlang der Avenue John F. Kennedy zahlreiche Bürogebäude, in denen entweder Banken oder Einrichtungen des Europäischen Parlaments untergebracht sind.

Touristinfo Luxemburg-Stadt,
30 Place Guillaume II,
1648 Luxembourg,
Tel. +352 222809,
www.luxembourg-city.com

CP 108 – Camping Kockelscheuer,
22 Route de Bettembourg,
1899 Luxembourg,
www.ccclv.lu
(GPS: 49.572332, 6.108602).
Größerer Campingplatz an einem Sportzentrum im Süden der Stadt. Mit dem Fahrrad ist man in einer halben Stunde im Stadtzentrum, ruhige Lage.

CP 109 – Camping Mamer,
4 rte de Mersch, 8251 Mamer,
www.campingmamer.eu
(GPS: 49.630030, 6.046947).
Kleiner und einfacher Stellplatz mit zwei Campingwiesen westlich der Hauptstadt. Der Platz befindet sich direkt neben einer hoch aufragenden Autobahnbrücke. Dafür erreicht man die Altstadt Luxemburgs relativ einfach in einer halben Stunde mit dem Fahrrad.

CP 110 – Camping Bon Accueil,
2 Rue Du Camping, 5815 Alzingen,
www.camping-alzingen.lu
(GPS: 49.569021, 6.160054).
Kleiner, gepflegter Stellplatz mit großzügigen Parzellen. Auch von hier aus benötigt man nur eine halbe Fahrradstunde. In der Nähe des Platzes befindet sich eine Bushaltestelle. Mit dem Bus sind es 20 Minuten, bis man in der Altstadt steht.

AUSFLÜGE AB DER HAUPTSTADT LUXEMBURGS

Von der Hauptstadt Luxemburgs aus hat man sternförmig weitere Möglichkeiten, den Süden des Landes kennenzulernen. Anders als im Norden, wo der Schwerpunkt auf Naturparks und Wandermöglichkeiten liegt, sind es hier weitere urbane Sehenswürdigkeiten. Über die Autobahn A4 benötigt man zum Beispiel keine 20 Minuten, bis man **Esch-sur-Alzette** erreicht. Die Stadt an der französischen Grenze ist die zweitgrößte des Landes und darf sich im Jahr 2022 als Kulturhauptstadt Europas bezeichnen. Grund hierfür sind unter anderem das Stadttheater, die Kulturfabrik und die Konzerthalle Rockhal, in der sich seit ihrer Eröffnung im Jahr 2005 bereits zahlreiche internationale Berühmtheiten wie Ringo Starr, Avril Lavigne, Depeche Mode, Pet Shop Boys, Scorpions, Die Toten Hosen, Kylie Minogue und viele weitere Größen der Musik die Klinke in die Hand gaben.

CP 111 – Camping Gaalgebierg, Gaalgebierg, 4142 Esch-sur-Alzette, www.gaalgebierg.lu (GPS: 49.484766, 5.986380). Auf einem bewaldeten Hügel, komplett von Bäumen umgeben und daher in ruhiger Lage. Den Ort erreicht man nach rund 20 Minuten Fußweg.

Kaum hat man die Stadt Luxemburg verlassen, erreicht man in der Nähe des Flughafens zwei weitere Soldatenfriedhöfe, die unsere Aufmerksamkeit verdienen. Da wäre zunächst einmal der **Luxembourg American Cemetery and Memorial** (GPS: 49.613052, 6.186630). Über 5.000 amerikanische Soldaten, die überwiegend bei der Ardennenoffensive getötet wurden, fanden hier ihre letzte Ruhe. Der Friedhof ist, wie alle US-amerikanischen Kriegsgräberstätten, mit zahlreichen weißen Marmorkreuzen angelegt worden. Bevor man durch den Besucherbereich hindurch zu den Gräbern gelangt, passiert man ein Mahnmal, bestehend aus einer Kapelle und einer Terrasse, von der aus man einen Überblick über das Gelände erhält. Gleich am Fuße der Terrasse befindet sich das wohl bekannteste Grab, das auch die meisten Besucher anzieht. Dort liegt nämlich General Patton begraben. Sein letzter Wunsch war, bei seinen Soldaten begraben zu werden, mit denen er in der Ardennenoffensive gekämpft hatte. Patton starb im Alter von 60 Jahren im Dezember 1945 bei einem Verkehrsunfall in Heidelberg.

Der zweite Soldatenfriedhof ist zur Ruhestätte für die einstigen Kriegsgegner geworden und liegt nur einen Kilometer entfernt. Der **Deutsche Soldatenfriedhof Sandweiler** (GPS: 49.608228,

Gedenken an die Schrecken der Weltkriege auch in Luxemburg.

6.202958) umfasst beinahe 11.000 Gräber für deutsche Soldaten aus dem Ersten und Zweiten Weltkrieg.

Weiter östlich erreicht man im südlichen Luxemburg die Mosel, die – wie schon zuvor die Our und die Sauer – einen Grenzfluss zu Deutschland bildet. Bei Wasserbillig mündet die Sauer von Norden kommend in die Mosel, während Letztere ab hier ausschließlich durch Deutschland fließt. Wasserbillig ist vor allen Dingen bekannt für seine zahlreichen Tankstellen und den sogenannten Tanktourismus entlang der deutsch-luxemburgischen Grenze.

CP 112 – Camping Schützwiese, 41 Rue des Romains, 6646 Mertert, www.camping-wasserbillig.lu (GPS: 49.715792, 6.505668). Klassischer Campingplatz am Ufer der Sauer gelegen, kurz vor der Mündung in die Mosel.

CP 113 – Camping de la Route Du Vin, Route du Vin, 6794 Grevenmacher (GPS: 49.682945, 6.449226). Kommunaler Stellplatz neben einem Freibad, das sich zwischen Mosel und Campingplatz erstreckt.

MIT DEM WOHNMOBIL AN DER LUXEMBURGISCHEN MOSEL ENTLANG

Nur ein kurzes Stück weiter flussaufwärts erstreckt sich die Ortschaft Grevenmacher am Ufer der Mosel. Die Hauptsehenswürdigkeit ist der **Schmetterlingsgarten**. In subtropischer Luftfeuchte (www.papillons.lu, GPS: 49.684634, 6.449965) kann man hier durch die Halle wandeln und sich von der Farbenvielfalt mehrerer Hundert Schmetterlinge faszinieren lassen.

CP 114 – Port de plaisance et Camping de Schwebsange, 1 Am Hafen, 5447 Schwebsange, www.camping-port.lu (GPS: 49.510761, 6.363760). Ruhiger Campingplatz direkt am Ufer der Mosel, neben einem größeren Sportboothafen gelegen.

SP 66 – Wohnmobilstellplatz Remich, Route du Vin, 5537 Remich (GPS: 49.538796, 6.362713). Schöner Stellplatz auf Rasengittersteinen, nur durch die Uferstraße von der Mosel getrennt.

Zahlreiche Falter kann man im Schmetterlingsgarten in Grevenmacher bewundern.

Wie innerhalb Deutschlands ist die Mosel auch im Grenzgebiet ein bedeutender Fluss im Hinblick auf den Weinanbau. Auf luxemburgischer Seite kann man von Weinort zu Weinort reisen – bis man das **Dreiländereck von Deutschland, Luxemburg und Frankreich** erreicht. Wir hatten bereits relativ zu Beginn unserer Luxemburgrundreise ein Dreiländereck besucht, das sich im Wasser befindet. Diesmal ist das Besondere, dass sich dieses Dreiländereck in einer sehr kleinen Ortschaft befindet, die man nichtsdestotrotz in ganz Europa kennt. Ihr Name ist **Schengen** und nur durch das Schengener Abkommen ist uns das grenzfreie Reisen, wie in diesem Reiseführer beschrieben, möglich gemacht worden. Auf einem Schiff in der Mosel wurde im Juni 1985 das Schengener Abkommen von den Ländern Deutschland, Frankreich, Belgien, Luxemburg und den Niederlanden unterzeichnet. In Kraft getreten ist es schließlich im Jahr 1995, weitere Länder folgten im Laufe der Jahre. Am Moselufer des kleinen Ortes nur wenig vom Dreiländereck entfernt, befindet sich ein Teil der ehemaligen Berliner Mauer als Denkmal, das an das vereinigte Europa erinnert. Gleich daneben informiert das Europäische Museum über die Geschichte Europas und die europäische Einheit.

i Touristinfo Schengen,
Rue Robert Goebbels,
5444 Schengen,
Tel. +352 26665810,
www.visitschengen.lu

Hier treffen gleich drei Länder aufeinander.

Fotonachweise:

Alle Fotos Michael Moll außer:
S. 52 Michaelbrücke_Gent_©-R. Minderjahn;
S. 54 Graslei__Boote_Gent_2 ©-R. Minderjahn;
S. 56 3_Bahnhof_Innenhalle ©Edda Neitz;
S. 59 8 M A S ©Edda Neitz;
S. 60 5_Grote Markt ©Edda Neitz;
S. 85 Grand Place_Brüssel ©R. Minderjahn;
S. 86 ©Rhönbergfoto - stock.adobe.com;
S. 87 Museum der Schönen Künste ©R. Minderjahn;
S. 88 place royale ©R. Miunderjahn;
S. 93 ©Harald Kobmann - stock.adobe.com;
S. 94 ©Regormark - stock.adobe.com;
S. 94 Velvet (https://commons.wikimedia.org/wiki/File:Tournai_Pont_des_trous.jpg), https://creativecommons.org/licenses/by-sa/4.0/legalcode;
S. 96 Bourgeois.A (https://commons.wikimedia.org/wiki/File:Grand_Hornu_11.JPG), „Grand Hornu 11", https://creativecommons.org/licenses/by-sa/3.0/legalcode;
S. 99 Mmkay (https://commons.wikimedia.org/wiki/File:City_Hall,_Charleroi.JPG), https://creativecommons.org/licenses/by-sa/4.0/legalcode;
S. 156 MMFE (https://commons.wikimedia.org/wiki/File:Unterer_See_Weiswampach_01.jpg), „Unterer See Weiswampach 01", https://creativecommons.org/licenses/by-sa/3.0/legalcode.

Wir hoffen, dass dieses Buch Ihren
Erwartungen gerecht wurde!
Bitte teilen Sie uns
Ihre Anmerkungen oder Kritik mit.
Wir freuen uns über jede Anregung
und jeden Verbesserungsvorschlag.
Der Austausch mit unseren Leserinnen
und Lesern liegt uns am Herzen.

GEV (Grenz-Echo Verlag)
Marktplatz 8
4700 Eupen (B)
Tel. +32 (0)87/59 13 03
Fax. +32 (0)87/74 38 20
buchverlag@grenzecho.be
www.gev.be